Der Verlag und die Autoren danken der Gemeinde Randa,
welche die Herausgabe dieses Buches gefördert hat.

Mit Unterstützung der Loterie Romande.

Bergmonografien
1 **Jungfrau** – Zauberberg der Männer
2 **Finsteraarhorn** – Die einsame Spitze
3 **Eiger** – Die vertikale Arena
4 **Piz Bernina** – König der Ostalpen
5 **Tödi** – Sehnsucht und Traum
6 **Watzmann** – Mythos und wilder Berg
7 **Titlis** – Spielplatz der Schweiz
8 **Mönch** – Mittelpunkt im Dreigestirn
9 **Glärnisch** – Rosen auf Vrenelis Gärtli
10 **Wilder Kaiser** – Klettergeschichte. Geschichten vom Klettern
11 **Piz Palü** – Dreiklang in Fels und Eis
12 **Bietschhorn** – Erbe der Alpinisten
13 **Badile** – Kathedrale aus Granit
14 **Churfirsten** – Über die sieben Berge
15 **Monte Rosa** – Königin der Alpen
16 **Weisshorn** – Der Diamant des Wallis

«An eminence in the ridge which cut off the view
of the summit was now the object of our exertions.
We reached it; but how hopelessly distant did the summit appear!
Benen laid his face upon his axe for a moment; a kind of
sickly despair was in his eye as he turned to me, remarking,
‹Lieber Herr, die Spitze ist noch sehr weit oben.›»

John Tyndall: Mountaineering in 1861.
A vacation tour, 1862.

Wysgeburg: Ausschnitt aus der Walliskarte von Anton Lambien aus dem Jahre 1682, auf welcher das Weisshorn erstmals als «Wysgeburg», als weisses Gebirge, benannt ist. Hübsch sind die drei Gämsen – oder sind es gar Vispertalerziegen?

Weisshorn? Sommerliche Aufnahme des Berges von Ludwig Weh aus Visp, ohne Schnee in der Südostwand und mit seinen drei Graten: Nordgrat links, Schaligrat zwischen Schatten und Sonne, Ostgrat rechts. Am Fuss der schwarzen Pyramide der Schaligletscher, im Vordergrund der Hohlichtgletscher. (Seite 8)

Weisshorn! «Riederalp, Wallis: Blausee mit Weisshorn» – Postkarte von Jacob Nohl, Schaffhausen 1925. Und wie heisst der markante, aber weniger hohe Gipfel links? Verraten wir nicht! (Seite 9)

www.as-verlag.ch

© AS Verlag & Buchkonzept AG, Zürich 2011
Gestaltung: Urs Bolz, Heinz von Arx, Zürich, www.vonarxgrafik.ch
Korrektorat: Brigitte Frey, Kaiseraugst
Druck: B & K Offsetdruck GmbH, Ottersweier
Einband: Josef Spinner Großbuchbinderei GmbH, Ottersweier
ISBN 978-3-909111-84-8

WEISSHORN
DER DIAMANT DES WALLIS

Herausgegeben von
Daniel Anker und Marco Volken

Texte:
Daniel Anker, Françoise Funk-Salamí, Matthias Huss, Fabian Lippuner,
Karin Steinbach Tarnutzer, John Tyndall, Marco Volken, Emil Zopfi

Fotos:
Marco Volken, Daniel Anker,
Matthias Huss, Luzius Kuster, Fabian Lippuner, Ludwig Weh
und andere

BERGMONOGRAFIE
16

No. 1

Grosse interne und externe Konkurrenz für das Weisshorn von Randa beziehungsweise von Zinal. Da sind einmal all die andern Erhebungen in den Schweizer Alpen, die ebenfalls das Beiwort weiss, blanc, bianco oder alv im Namen führen, wie der Wysse Schijen am Ostfuss unseres Gipfels und der Blanc de Moming südwestlich davon. Über 100 Berge mit dieser Farbe gibt es zwischen dem Wisshorn ob dem Vereinapass und den Dents Blanches bei Champéry. Nicht zu allen liesse sich eine Bergmonografie verfassen, doch das Weissfluhjoch (2693 m) ob Davos hätte eine verdient, genauso wie die Weisse Frau (3650 m) und ihre Nachbarn der Blüemlisalp. Und dann erhebt sich hinten im Val de Zinal mächtig die Dent Blanche (4357 m), die als Wys Zänehorn in den ältesten Walliser Karten auftaucht. Sie wurde 1862 erstmals bestiegen, 11 Monate nach dem Weisshorn.

Sommer 1861: Erstbesteigung von Weisshorn, Castor, Lyskamm und Nordend, vier Viertausender im Gipfelkranz von Zermatt. Ebenfalls vor 150 Jahren betraten Bergsteiger folgende Berge zum ersten Mal: Schreckhorn (4078 m), die Pyramide von Grindelwald; Monviso, den Wächter der Po-Ebene; Mont Pourri und Weisskugel, die zweithöchsten Spitzen des Vanoise-Massivs beziehungsweise der Ötztaler Alpen. Alle grosse Gipfel, alle potenzielle Bücherberge. Herausragend aber: das höchste aller Weisshörner (4506 m). Endlich kriegt auch es eine Monografie, ein Gipfelbuch der etwas anderen Art.

Am 19. August 1861 um 13.30 Uhr erreichten der Ire John Tyndall, der Walliser Johann Joseph Benet und der Berner Oberländer Ulrich Wenger als erste Menschen DAS weisse Horn. Leslie Stephen, Konkurrent von Tyndall, Erstbesteiger des Schreckhorns und Verfasser des epochalen Werkes «The Playground of Europe», hatte 1859 einen ersten Besteigungsversuch am Weisshorn unternommen. Er bezeichnete es als «almost faultless mountain», als fast fehlerlosen Berg. Der 1859 verstorbene Joseph Anton Berchtold seinerseits, Vermesser des Wallis und Namensgeber des Doms (4545 m) ob Randa, hatte das Weisshorn «die Tochter der Bergmonarchen, einen Diamanten in der Alpenkrone, die Perle in ihrem Panorama» genannt. Und der Franzose Marcel Couturier – nach ihm ist ein Couloir an der stolzen Aiguille Verte benannt – stellte seinem monografischen Beitrag über das Weisshorn in der Zeitschrift «Alpinisme» von 1930 drei Wörter voran: Primus inter pares.

Daniel Anker und Marco Volken

Inhalt

15 Das weisse Horn auf den Plakaten
von Crans-Montana
Fixpunkt am blauen Horizont
Eine Übersicht von Daniel Anker

25 Erstbesteigung am 19. August 1861
«The Weisshorn.»
Der Bericht von John Tyndall

Porträts der drei Erstbesteiger
John Tyndall (1820–1893) · 46
Ulrich Wenger (1831–?) · 49
Johann Joseph Benet (1824–1864) · 50

53 Weisshorn, Pointe de Vianin
ou Pigne de Leiss
Röstigrat statt -graben
Ein sprachkundlicher Ausflug
von Daniel Anker

61 Einheimisch am Weisshorn
Die ersten Bergführer
Ein Rückblick von Marco Volken

75 Unterkünfte am und vom Weisshorn
Hütten, Hotels und eine Biwakschachtel
Eine Rundwanderung von Daniel Anker

93 Georg Winkler und Eleonore
Noll-Hasenclever
Als Grabmal eine weisse Pyramide
Eine Denkschrift von
Karin Steinbach Tarnutzer

105 Fels- und Eisstürze
Der Berg ruft, der Berg kommt
Ein Befund von Françoise Funk-Salamí

117 Geoffrey Winthrop Young
«Weisshorn, Königin meines Herzens»
Eine Würdigung von Emil Zopfi

129 Traversierung im August 2009
Schaligrat rauf, Ostgrat runter
Eine Reportage von Matthias Huss
und Fabian Lippuner

141 Geschichten vom Gipfel
«Bist du obe?»
Eine Leseerfahrung von Daniel Anker

Anhang
162 Weisshorn – die Chronik
167 Trips und Tipps
168 Literaturverzeichnis
170 Personenverzeichnis
172 Autoren
172 Dank
173 Bildnachweis

Erlebnis Weisshorn, kletternd und wandernd.
Am berühmten Nordgrat (linke Seite).
Beim Gibidumpass ob Visperterminen,
mit Blick auf die vergletscherte Nordostwand;
links hinten das Zinalrothorn, vorne in der
Mitte das Brunegghorn, rechts das doppel-
gipflige Bishorn (folgende Doppelseite).

Das weisse Horn auf den Plakaten von Crans-Montana

Fixpunkt am blauen Horizont

Eine Übersicht von Daniel Anker

«Durch den Tunnel und hinein in die Sonne». Und daneben eine junge Frau, im Begriff, den Pullover auszuziehen. Dieses Plakat, Teil einer gross angelegten Werbeaktion der SBB, erschien zum ersten Mal im Spätwinter 1992. Durch den Tunnel und hinein in die Sonne: Damit konnte nur der Gotthard-Eisenbahntunnel gemeint sein – und die Tessiner Sonne. Tempi passati: Im Dezember 2007 wurde der Lötschberg-Basistunnel von Frutigen nach Visp eröffnet, und damit eine neue Türe in die eigentliche helvetische Sonnenstube – das Rhonetal zwischen Visp und Sion gehört zu den niederschlagsärmsten Regionen der Schweiz.

Das erlebten Marco Volken und ich am 2. März 2011: Regenwolken im Berner Oberland, Himmelsblau im Wallis. Frühlingsgefühle in Sitten, wie wir aus dem Zug steigen. In der Mediathek Wallis erwarten uns Simon Roth und Myriam Viaccoz von der Groupe de la documentation valaisanne; sie haben Material zum Weisshorn bereitgestellt. Was für Material, mon Dieu! Kostbare Bücher, uralte Karten des Wallis, auf denen unser Berg zum ersten Mal abgebildet und angeschrieben ist. Vor allem aber Plakate, alle von Crans, Montana und Vermala, von diesen Sonnenterrassen oberhalb von Sierre. Und welcher Gipfel ist der immer wiederkehrende Fixpunkt, vom ersten Plakat mit Golfer und Bootsfahrer bis zum jüngsten mit Piano? Le Weisshorn, mais biensûr.

Genau so ist es, und genau so muss es gewesen sein: Zuerst war der Blick auf den Berg, dann kam der Wunsch, ihn zu besteigen, und schliesslich die Tat. Oder ihm gegenüber Ski zu fahren, über den See zu paddeln, Golf zu spielen. Einfach an der Sonne zu sein, mit Blick auf den Gipfel. Auf das höchste und schönste weisse Horn. Im Roman «La montagne» von Jean-Claude Fontanet aus dem Jahre 1970 kuriert die Hauptfigur ihre Tuberkulose in Montana; das Weisshorn gibt ihr die Kraft, gesund zu werden, Berge zu besteigen. Auf Seite 13 lesen wir: «Dans la paroi, vers la droite, un point brille, gros diamant joyeux, avec toujours plus d'intensité; il est beaucoup plus gros à l'œil nu que dans les jumelles. 4506 mètres !...»
Der Diamant des Wallis.

Sonne, Schnee und schöne Musik: Oscar Rüegg liess auf dem Plakat von 1937 die hemdsärmelige Skifahrerin mit dem in diesem Jahr eingeweihten, brandneuen Gurtenlift nach dem System Beda Hefti auf den Mont Lauchaux oberhalb Montana-Vermala fahren (linke Seite). Seit 2003 findet im Sommer das Musikfestival «Les Sommets du Classique» in Crans-Montana statt, bei dem vor allem junge Talente ihr Können zeigen (links).

«Will man diesen schönen Berg in seiner ganzen Pracht thronen sehen, so muss man die Flanken der gegenüberliegenden Berner Alpen besteigen.»

Emille Javelle: Besteigung des Weisshorns, 1871

Schwung um Schwung: Montana ist eine der Wiegen des alpinen Skilaufs – 1911 fand hier das erste Kandahar-Rennen statt, wobei nur fünf Teilnehmer das Ziel erreichten. Plakate von unbekannten Künstlern: 1938 (rechte Seite) und 1940 (unten rechts); von Jean-Marie Thorimbert, 1954 (unten links); von Martin Peikert, 1941 (links aussen); von WS, 1947 (links).

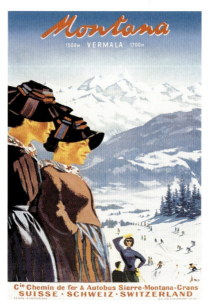

«Le Weisshorn est enfin en vue; il se dresse devant nous dans toute sa majesté
et le soleil le fait étinceler comme une froide couronne de diamants.»

François Thioly: Ascension du Weisshorn, 1868

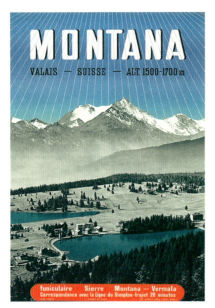 

Bootsfahrten, Bisses und Blumen: 1911 nahm die Drahtseilbahn von Sierre nach Montana den Betrieb auf und erschloss die Hochebene mit ihren Seen und Suonen. Plakate von Maurice Freundler, 1926 (rechte Seite); von Martin Peikert, 1950 (unten rechts); von unbekannt, 1939 (unten links); von Charles Dubost (links aussen); von Télès Deprez, 1982 (links).

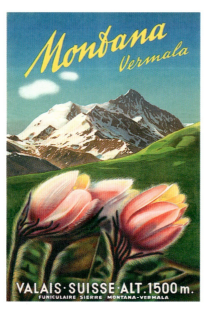 

«Die eleganteste aller Berggestalten des Wallis.»
Heinrich Dübi: Das Weisshorn, 1877

Schlag auf Schlag: Der erste Golfplatz in Crans mit 9 Löchern öffnete 1906, das Swiss Open startete 1923, das Omega European Masters gibt's seit 2001 (unten links). Plakate von Johann Emil Müller, 1919 (links aussen); von Ronald Kocher, 1952 (links); von Martin Peikert, 1943 (rechte Seite). Wenn die Tour de France nach Crans-Montana pedalt, dann schaut auch das Weisshorn zu (unten rechts).

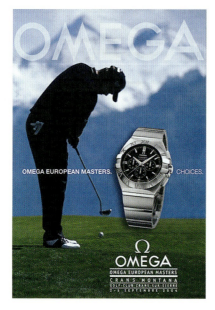
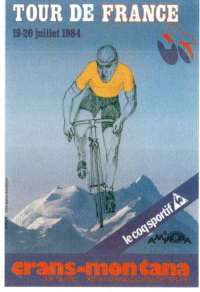

Erstbesteigung am 19. August 1861
«The Weisshorn.»
Der Bericht von John Tyndall

Ein klassischer Text der frühen Alpinliteratur ist John Tyndalls Bericht über die Erstbesteigung des Weisshorns am 19. August 1861 mit den Führern Johann Joseph Benet und Ulrich Wenger. Der Text ist enthalten in Tyndalls Büchern «Mountaineering in 1861: A vacation tour» (1862) sowie ganz leicht verändert in «Hours of exercise in the Alps» (1871); in diesem Jahr – was für ein Zufall! – kamen auch «Scrambles amongst the Alps in the years 1860–69» von Edward Whymper und «The playground of Europe» von Leslie Stephen heraus. Tyndalls «Stunden der Arbeit in den Alpen» auf Deutsch 1872 unter dem Titel «In den Alpen» erschienen, übersetzt und mit einem Vorwort versehen von Gustav Wiedemann; 1899 folgte die zweite Auflage, woraus wir das Weisshorn-Kapitel unverändert übernahmen und mit ein paar wenigen Anmerkungen ergänzten. Der Text hat nichts von seiner Frische und Forschheit verloren. Noch immer staunt man, mit wie viel Energie, Können und Glück die drei Alpinisten das Weisshorn, «perhaps the most splendid object in the Alps» (Tyndall, 1862), vom Biwakplatz unweit der heutigen Weisshornhütte auf einem unbekannten Weg erstiegen und gleichentags noch nach Randa abstiegen. Man staunt, wie der Schreiber mit seinen Begleitern über

den ausgesetzten Grat balanciert und wie er die Balance zwischen Bericht und Reflexion hält. Tyndall war ja Alpinist und Wissenschaftler zugleich; dabei erforschte er nicht nur die Natur, sondern auch sich selbst. So spannend können Arbeitsstunden sein.

Ich stand Freitag den 16. August um 4½ Uhr auf; der östliche Himmel glühte unter der aufsteigenden Sonne, und gegen ihn hoben sich die Umrisse der Berge ab. Um 5½ Uhr sagte ich dem kleinen ausgezeichneten Wirthshause der Bel-Alp Lebewohl und ging den Berg gerade hinunter nach Brieg, nahm die Post nach Visp und miethete sogleich einen Träger nach Randa. Ich hatte Bennen [im englischen Original von 1862 Benen; richtig heisst er aber Benet. Anmerkung der Hrsg.] dorthin geschickt,

Der Erste: John Tyndall – hier in einer Aufnahme von 1860 – brillierte mit wissenschaftlichen und alpinistischen Leistungen. Er erklärte als Erster, warum der Himmel blau ist (sogenannter Tyndall-Effekt). Und er stand als Erster auf dem Weisshorn; die Zeichnung von Konkurrent Edward Whymper mit den drei Bergsteigern auf dem Mettelhorn ob Zermatt bildet das Titelblatt in Tyndalls Buch «Mountaineering in 1861. A vacation tour» (linke Seite). Das Weisshorn war der erste der fünf Viertausender im Gipfelkranz des Val d'Anniviers gewesen, auf denen Alpinisten standen; das benachbarte Bishorn links, das spitzige Zinalrothorn, das schwarz-weisse Obergabelhorn und die mächtige Dent Blanche ganz rechts wurden erst später bestiegen, das Matterhorn hinten sowieso (vorangehende Doppelseite).

Nur leicht übertrieben: Zeichnung von Gustave Roux mit Bergsteigern am verwechteten Ostgrat des Weisshorns, über den Tyndall und seine Führer Johann Joseph Benet und Ulrich Wenger am 19. August erstmals aufstiegen und so auf Anhieb die (schwierige) Normalroute fanden. Roux illustrierte einen Text von Emile Javelle, der zehn Jahre nach Tyndall mit drei Begleitern auf Tyndalls Spuren über den Grat balancierte.

um das Weisshorn zu inspiciren. Bei meiner Ankunft erfuhr ich, dass er die nöthigen Recognoscirungen angestellt und Hoffnung hatte, dass wir die Spitze erreichen würden.

Verschiedene Male und von verschiedenen Seiten hatten tüchtige und erfahrene Bergbesteiger versucht, diesen edlen Berg, der 4510 Meter hoch ist, zu ersteigen, aber alle Mühe war bisher vergebens gewesen. Ehe ich Randa verliess, um diesen gewaltigen Gipfel zu erobern, hatte ich zwei Paar wollene Decken so zusammennähen lassen, dass sie zwei Säcke bildeten. Diese und andere Decken, mit unserem Wein und unseren Vorräthen, schickte ich voraus. Um 1 Uhr Nachmittags am 18. August verliessen Bennen, Wenger und ich das Hôtel und wanderten bald im Zickzack zwischen den Fichten des dem Hôtel gegenüberliegenden Berges hinauf. Wenger war der Führer meines Freundes Forster [R. W. Elliot Forster] gewesen und hatte sich auf der Strahleck so tüchtig und geschickt bewiesen, dass ich Bennen beauftragt hatte, ihn anzuwerben. Ich war in der Nacht recht unwohl gewesen und litt, während wir den Abhang hinauf kletterten, an unerträglichem Durst. Wasser genügte nicht, ihn zu stillen. Wir erreichten eine Sennhütte und auf unseren Wunsch brachte uns ein schmucker junger Senn eine Satte voll der köstlichsten Milch. Die Wirkung der Milch war erstaunlich. Sie schien jedes Atom meines Körpers neu zu beleben und mit ihrem Wohlgeruch meinen Geist zu erfrischen.

Zwei Stunden weiteren Steigens brachten uns zu unserem Nachtquartier, einem Felsstück, das an der Seite des Berges vorsprang und ein überhängendes Dach bildete. Als wir die Steine unter dem Felsstück aufhoben, fanden wir eine Lage von ziemlich trockenem Lehm. Diese sollte mein Bett werden und um sie etwas weicher zu machen, hackte Wenger sie tüchtig mit seiner Axt um. Der Punkt war wunderschön, denn wenn ich auf meiner linken Seite lag, übersah ich die ganze Kette des Monte Rosa vom Mischabel bis zum Breithorn. Wir waren am Rande eines Amphitheaters. Jenseits des Schallenbachs war das stattliche Mettelhorn. Eine Kette von Höhen zog sich nach rechts, durch hohe Felsrücken verbunden, die den Schallenberg-Gletscher umschlossen. Sie waren indess nur ein Vorsprung des gewaltigeren Weisshorns, dessen Gipfel von unserer Schlafstelle aus nicht sichtbar war. In Bennen's Gesellschaft umging ich später den Berg, bis die ganze kolossale Pyramide vor uns stand. Als ich sie zuerst sah, sank mein Muth, aber wir gewannen beide wieder Vertrauen, je länger wir sie betrachteten. Der Berg ist eine dreiseitige Pyramide, deren Kanten drei scharfe Rücken oder Grate bilden. Das Ende des östlichen Kammes war uns zunächst, und auf ihn richteten wir hauptsächlich unsere Aufmerksamkeit. Wir entschieden uns endlich über den Weg, den wir den folgenden Morgen nehmen wollten, und kehrten

Von Anfang an dabei: Dom, Matterhorn und Weisshorn «from the Aeggisch Horn», wie es in der Originallegende heisst. Das Bild stammt aus dem ersten Band von 1859 der ersten bergsportlichen Vereinspublikation: «Peaks, Passes, and Glaciers. A Series of Excursions by Members of the Alpine Club». Nachfolger ist das «Alpine Journal», das heute noch erscheint. John Tyndall war Mitglied – und später Ehrenmitglied – des 1857 gegründeten Alpine Club. Das ländliche Gemälde zeigt das Weisshorn von Nordosten, mit dem Ostgrat links und dem Nordgrat rechts.
Viel näher dran ist man auf dem Brunegghorn; links unten sagt noch das Matterhorn «Hello!» (folgende Doppelseite).

hoffnungsvoll zu unserem Obdach zurück. Wasser war unser erstes Bedürfniss; es schien überall zu sein, aber wir hatten keines zum Trinken. Es war festgebannt zu Eis und Schnee. Sein Schall kam vom Vispbach bis zu uns herauf, wenn es im Schaum zerstob oder seine Wellen über sein durchwühltes Bett rollte; und das Tosen manches kleinen Baches mischte sich in das gedämpfte Rauschen des grösseren. Bennen ging aus, das kostbare Nass zu suchen, und kam endlich nach langer Abwesenheit mit einem Krug und einer Pfanne voll zurück. Wenger, reich an kleinen Hülfsmitteln, hielt bei unserem Essen ein Stück Käse an die Flamme des Fichtenfeuers; es zischte, zog Blasen, wurde zähe, und wir verzehrten es mit Hochgenuss, als die geröstete Oberfläche weggeschnitten worden war.

Der Sonnenuntergang war unaussprechlich grossartig gewesen, der Zenith tief in Violett getaucht und der Himmel am Horizont mit dunkelrothem Licht überfluthet. Uns gerade gegenüber erhob sich der Mischabel mit seinen beiden hohen Gipfeln, dem Grubenhorn [= Dom] und dem Täschhorn, jedes kaum unter 4570 Meter Höhe. Dann kam der Alphubel mit seiner ebenen Schneekrone, dann das Allaleinhorn und das Rympfischhorn, dann die Cima di Jazzi, dann die vom Fuss bis zum Gipfel in Licht gebadete Masse des Monte Rosa. Der Abhang des Lyskammes, der uns zugekehrt war, lag zum grossen Theil im Schatten, aber hier und dort flammten seine vorspringenden Felsen brennend roth, wenn das Licht auf sie fiel. Die «Zwillinge» [= Castor und Pollux] waren höchst eigenthümlich beleuchtet; rings um sie zog sich ein schwarzer Reifen, der durch den Schatten einer Ecke des Breithorns gebildet wurde, während ihr Fuss und ihr Gipfel im rothglühenden Purpurlichte strahlten. Ueber den zerrissenen Abhang des Breithorns selbst fiel das Licht wie in Streifen, entzündete seine Gletscher und badete seine schwarzen Zacken in durchsichtigem rothem Glanze. Das Mettelhorn war kalt, wie die ganze Kette, die das Weisshorn beherrschte, während die Gletscher, die sie umschlangen, grau und gespensterhaft in dem Dämmerlichte lagen.

Das Sonnenlicht zögerte lange, während gegenüber auf dem Bogen des Himmels-

Fels und Eis: Majestätisch präsentiert sich der Berg auf dem Ölbild von A. McLachlan: «Sunrise on the Weisshorn», 27 x 42 cm, 1883 (rechts). Das Weisshorn rund 125 Jahre später, aufgenommen vom Grat zwischen den Breithornzwillingen und dem Mittelgipfel des Breithorns ob Zermatt. Das helle Band unten ist der Hauptstrom des Gornergletschers, zu dem der Breithorngletscher kurvt (rechte Seite).
Zu Tyndalls Forschungen gehörten Gletscherbewegungen; er würde wohl staunen, wie dünn das Eis geworden ist. Und natürlich gleich eine Theorie dazu präsentieren.

gewölbes der Mond, der nur noch einen Tag vom Vollmond entfernt war, uns zu Hülfe zu kommen schien. Er erschien endlich gerade hinter dem Gipfel des Rympfischhorns, so dass sich der Kegel des Berges für einen Augenblick wie ein Dreieck auf der Mondscheibe abhob. Indess nur für einen Augenblick; die silberne Kugel löste sich bald vom Berge und schwebte weiter hinaus durch den tiefblauen Himmel. Die Bewegung war deutlich sichtbar und glich der eines grossen Ballons.
Je mehr der Tag sich seinem Ende näherte, desto erhabener wurde der Anblick der Gegend. All die tiefer gelegenen Theile der Berge lagen im dunklen Schatten, während die stolzesten Gipfel, in einem Halbkreise geordnet, noch ganz von der sinkenden Sonne bestrahlt waren. Sie glichen Pyramiden von festem Feuer, während hier und dort lange Streifen von dunkelrothem Licht, die über die höheren Schneefelder sich zogen, die Spitzen verbanden. Eine sehr hell beleuchtete Geraniumblüthe scheint in ihrer eigenen Farbe zu schwimmen, die scheinbar die Staubfäden wie eine dichte Schicht umgiebt und es durch ihren Glanz dem Auge unmöglich macht, die scharfen Umrisse der Blätter zu erkennen. Eine

ähnliche Erscheinung konnte man hier auf den Bergen beobachten; der Glanz schien nicht allein von ihnen zu kommen, sondern auch von der sie umgebenden Luft auszustrahlen. Als die Sonne immer mehr sank, nahm der östliche Himmel tief unten eine gesättigte Purpurfarbe an, über der, und mit ihr durch unzählige Abstufungen verbunden, sich ein rother Gürtel hinzog, und wieder über diesem, Regionen von Orange und Violett. Ich ging beim Sonnenuntergang um die Ecke des Berges und fand, dass der westliche Himmel in einem durchsichtigeren Roth erglänzte, als der östliche. Die Krone des Weisshorns war in dieses wundervolle Licht gehüllt. Nach Sonnenuntergang ging der Purpur des Ostens in eine dunkle neutrale Färbung über, und gegen das darüber lagernde schwindende Roth lehnten die sonneverlassenen Berge ihre kalten und gespenstischen Häupter. Die rosige Farbe schwand mehr und mehr; die Sterne gewannen an Glanz, bis endlich sie und der Mond unbestritten den Himmel beherrschten.
Mein Gesicht war dem Monde zugewendet, bis dass es so kalt wurde, dass ich es mit einem leichten Taschentuche bedecken musste. Man schreibt den Mondstrahlen

Höchst anschaulich und präzise: Xaver Imfeld, Ingenieur-Topograf, Kartograf, Panoramazeichner und Reliefbauer, schuf dieses Panorama vom Mettelhorn (3406 m) ob Zermatt, das dem Jahrbuch des Schweizer Alpen-Clubs von 1891 beigelegt wurde. Unser Ausschnitt zeigt links Zinalrothorn, in der Mitte Schalihorn und Weisshorn, rechts Brunegghorn und in der Tiefe das Nikolaital. Auf das Mettelhorn nimmt auch Tyndall in seinem Erstbesteigungsbericht Bezug.

die Kraft zu, die Augen erblinden zu machen, aber in Wahrheit wird das Unheil dadurch erzeugt, dass man die Augen in den klaren Raum ausstrahlen lässt und eine Entzündung der Erkältung folgt. Als die Kälte zunahm, drückte ich mich mehr und mehr unter das Felsstück, um so viel als möglich den Raum des Himmels zu beschränken, gegen den mein Körper ausstrahlen konnte. Es konnte Nichts feierlicher als diese Nacht sein. Vom Thal herauf klang das leise Rauschen des Vispbaches. Ueber dem Dom flammten nach einander die Sterne des Orion auf, bis endlich das ganze Sternbild über ihm schwebte. Höher hinauf am Himmel stand der Mond und seine Strahlen wurden, wenn sie auf die Schneefelder und Pyramiden fielen, von einigen im Silberglanz zurückgeworfen, während andere wie im Tode weiss blieben. Diese bekamen aber, wie die Erde sich drehte, auch allmählich ihren Antheil an dem Glanze. Endlich erfassten ihn die Zwillinge und hielten ihn lange fest und leuchteten im reinsten strahlenden Silberlicht, während der Mond über den Hügeln schwebte.

Um 12 Uhr sah ich auf meine Uhr und dann wieder um 2 Uhr Morgens. Der Mond berührte in dem Augenblicke den Kamm des Schallenberges [= Schalihorn] und uns drohte das Entschwinden seines Lichtes. Es geschah bald. Wir standen um 2 ¼ Uhr Morgens auf, tranken unseren Kaffee und mussten nun müssig die Dämmerung erwarten. Endlich breitete sich eine schwache Beleuchtung am Horizont aus, und bei diesem Nahen des kommenden Tages verliessen wir um 3 ½ Uhr Morgens unser Nachtquartier. Es war keine Wolke zu sehen, das Wetter war uns günstig. Wir umgingen die schieferige Seite des Berges bis zum Rande eines Schneefeldes; ehe ich es aber betrat, zog ich meine schwere Jagdjacke aus und liess sie auf dem Bergesabhang. Ich wusste, dass die Sonnenstrahlen und meine eigene Anstrengung mich den Tag über warm genug halten würden. Wir kreuzten den Schnee, bahnten uns unseren Weg durch einen Theil eines zerrissenen Gletschers, erreichten den Bergschrund und gingen ohne Seil hinüber. Wir stiegen den gefrorenen Schnee des Couloirs auf Stufen hinauf, vertauschten

ihn aber bald mit den Felsen zu unserer Rechten und erstiegen diese bis zum östlichen Grat des Berges.

Ein Schneesattel trennte uns von den höheren Felsen. Mit unseren Alpenstöcken auf der einen Seite des Sattels gehen wir in Stufen hinüber, die auf der anderen Seite ausgehauen sind. Wir finden, dass die Felsen zu phantastischen Thürmen und Obelisken geformt sind, während lose Fragmente dieser Bauten durch einander auf dem Rücken zerstreut liegen. Vorsichtig suchen wir unseren Weg hindurch, winden uns um die Thürme oder ersteigen sie. Im Anfang war die Arbeit schwer, denn das Bücken, Winden, Hinaufreichen und Hinaufziehen setzte alle Muskeln in Thätigkeit. Nach zwei Stunden dieser Arbeit hielten wir und sahen bei einem Rückblick zwei Gegenstände sich auf dem Eise unter uns bewegen. Wir hielten sie zuerst für Gemsen; es waren aber Männer. Der Führer trug eine Axt und sein Gefährte eine Tasche und einen Alpenstock. Sie folgten unseren Spuren, verloren sie, wie es schien, von Zeit zu Zeit und warteten dann, bis sie sie wiedergefunden hatten. Unsere Unternehmung hatte ganz Randa in Aufregung versetzt und einige der besten Bergsteiger hatten Bennen gebeten, sie mitzunehmen. Er hielt dies nicht für nöthig, und nun hatten zwei von ihnen beschlossen, das Ding auf ihre eigene Hand zu versuchen und mit uns vielleicht die Ehre des Unternehmens zu theilen. Unsere Sorge war darüber nicht gross.

Wir fingen unsere gymnastischen Uebungen wieder an, bis uns unsere Felsentreppe auf die flache Spitze eines Thurmes führte, wo wir von einem ähnlichen Thurme durch eine tiefe Spalte, die in den Berg schnitt, getrennt waren. Das Seil war hier unsere Hülfe. Bennen band es sich um den Leib; wir liessen ihn an dem Felsen hinunter, bis er auf einem Vorsprunge feststand, von wo er mir die helfende Hand reichen konnte. Ich folgte ihm und Wenger folgte mir. Durch eine Art von Schraubenbewegung drehten wir uns um den gegenüberstehenden Thurm herum und erreichten den Rücken hinter ihm. Eine solche Arbeit kann man aber nicht stundenlang fortsetzen, und in der Absicht, unsere Kräfte zu schonen, verliessen wir den Felsrücken

Frische Luft für alte Kluft: Vergleicht man die Ausrüstung der Alpinisten zu Tyndalls Zeiten mit derjenigen auf dieser Foto von Frédéric Boissonnas, so scheint sich in den 50 Jahren, die dazwischenliegen, nicht allzu viel geändert haben: Veston und Hanfseil, langer Pickel und noch längerer Alpenstock. Die Sonnenbrille des Vorangehenden ist hingegen schon ziemlich modern.

und versuchten am südlichen Abhange der Pyramide weiter zu kommen. Der Berg war von langen Couloirs durchschnitten, die mit hartem, klarem Eise angefüllt waren. Das Aushauen der Stufen in diesen Couloirs war aber so langweilig und ermüdend, dass ich Bennen drängte, sie zu verlassen und noch einmal den Rücken zu versuchen. Wir kamen wieder hinauf und arbeiteten an ihm entlang wie vorher. Hier und dort hatte sich der Schnee auf der nördlichen Seite hinübergelegt und wir kamen nur langsam über diese Schneeleisten hinauf. Der Felsrücken wurde allmählich immer schmaler und die Abgründe an beiden Seiten immer steiler. Wir kamen an das Ende einer seiner Zwischentheilungen und waren jetzt von den nächsten Felsen durch eine Schlucht von 20 Meter Breite getrennt. Der Rücken war hier schmal wie eine Mauer geworden, die indess als Felsen keine eigentliche Schwierigkeit dargeboten hätte. Aber auf dieser Felswand stand eine zweite Schneewand, die an der Spitze nur noch Messerbreite hatte. Sie war weiss, von ganz feinem Korn und ein wenig feucht. Ich wusste nicht, wie wir über diesen Schneestreifen kommen sollten, denn ich glaubte nicht, dass sich ein menschlicher Fuss auf eine so schwache Stütze wagen dürfte. Bennen's praktischer Sinn kam uns zu Hülfe. Er untersuchte den Schnee, indem er ihn mit den Füssen zusammendrückte, und zu meinem Erstaunen fing er an hinüber zu gehen.

Selbst nach dem Druck seiner Füsse war der Raum, auf dem er stehen konnte, nicht grösser als handbreit. Ich folgte ihm wie ein Knabe, der auf einer horizontalen Stange geht, mit auswärts gekehrten Zehen. Rechts und links waren die Abgründe grauenerregend. Wir erreichten den gegenüberliegenden Felsen und ein ernstes Lächeln flog über Bennen's Gesicht, als er sich zu mir wandte. Er wusste, dass er eine gewagte Sache unternommen hatte, obgleich keine tollkühne. «Wäre der Schnee», sagte er, «weniger vollkommen gewesen, ich hätte nie daran gedacht, es zu versuchen; aber ich wusste, sowie ich meinen Fuss auf den Grat gesetzt hatte, dass wir ohne Furcht hinübergehen könnten.»

Ueberraschend ist es, wie viele Dinge wir durch die einfache Beobachtung Faraday's vom Jahre 1846 erklären können. Bennen's instinctive That wird durch die Theorie gerechtfertigt. Der Schnee war von feinem Korn, rein und feucht. Seine Theilchen berührten sich an unzählig vielen Punkten, wenn sie zusammengepresst wurden, und ihre vollkommene Reinheit liess sie mit einer ausserordentlichen Kraft zusammenfrieren. Dieses Gefrieren gab der Masse ihre Tragkraft.

Werden zwei Stücke von gewöhnlichem Tafeleis vorsichtig zusammengebracht, so frieren sie und kitten sich an ihrer Berührungslinie fest an einander; oder wenn zwei Stücke, die auf dem Wasser schwimmen, zusammen kommen, so frieren sie ebenso an einander, und fasst man das eine vorsichtig, so kann man das andere durch das Wasser nachziehen. Man denke sich solche Verbindungspunkte in grosser Anzahl durch eine Schneemasse vertheilt, so wird die Masse dadurch fest, statt eine Pulvermasse zu bleiben. Mein Führer that indess etwas ohne Hülfe aller Theorie, vor dem ich immer trotz aller Theorien der Welt zurückgewichen wäre. Danach fanden wir die Felsen des Grates so lose, dass es der grössten Vorsicht bedurfte, um sie nicht auf uns herunter zu reissen. Trotzdem lösten wir öfter grosse Massen ab, die den nahen Abhang hinunterrollten und andere durch ihren Stoss mit fortrissen. Diese setzten wieder andere in Bewegung, so dass zuletzt ein ganzer Haufen rollte, der den Berg in Aufruhr brachte, wenn sie an ihm entlang zischten und donnerten, bis sie das 1220 Meter unter uns liegende Schneefeld erreichten. Der Tag war heiss, die Arbeit schwer, und unserem Körper wie in einem türkischen Bade alle Flüssigkeit entzogen. Um unseren Verlust zu ersetzen, hielten wir von Zeit zu Zeit an Stellen an, wo der geschmolzene Schnee in flüssigen Adern hinab rieselte und stillten unseren Durst. Eine Flasche Champagner, die wir sparsam über ein wenig Schnee in unsere Becher gossen, gab Wenger und mir manchen erfrischenden Trunk. Bennen fürchtete für seine Augen und wollte keinen Champagner haben. Wir fanden indess, dass uns das viele Ausruhen nicht gut that, die Muskeln wurden bei jeder Pause steif, und brauchten immer einige Minuten, ehe sie wieder elastisch waren. Die Schulung aber war vorzüglich für Geist und Körper. Es gibt kaum eine für ein menschliches Wesen mögliche Stellung, die ich nicht zu irgend einer Zeit während dieses Tages annehmen musste. Die Finger, das Handgelenk und der Vorderarm waren meine Hauptstütze, und mir

Trio am Grat: Nochmals eine Foto von Frédéric Boissonnas aus dem Bildband «Les Alpes valaisannes», und man glaubt fast, es seien die drei Erstbesteiger, die da über den Ostgrat hochsteigen, vorne Benet, hinten Wenger, in der Mitte Tyndall.

Prominente Unterstützung: Bergsteiger auf dem Weisshorngrat aus dem Buch von François Gos über «Zermatt und sein Tal» von 1925. Das Vorwort verfasste der Freiburger Bundesrat Jean-Marie Musy, damals Präsident der Schweizerischen Eidgenossenschaft. Das Vorwort ist mit fünf Fotos illustriert: Matterhorn, Kruzifix, Alpenblumen, Edward Whymper – und Tyndall, «dem gelehrten Physiker und Alpinisten.»

schien die menschliche Hand als mechanisches Instrument an diesem Tage ein Wunderwerk der Plastik zu sein.

Die längste Zeit war uns der Gipfel verborgen, erst als wir die folgenden Höhen erreichten, konnten wir ihn öfter sehen. Nach dreistündigem Marsche auf dem Grat – ungefähr fünf Stunden nach unserem Aufbruch – sahen wir den Gipfel über einer anderen etwas niedrigeren Höhe, die ihn in nicht weiter Ferne erscheinen liess. «Ihr habt jetzt guten Muth», sagte ich zu Bennen. «Ich erlaube mir nicht, den Gedanken an ein Misslingen aufkommen zu lassen», antwortete er. Nun gut, sechs Stunden brachten wir auf dem Kamme zu, deren jede eine unbarmherzige Anforderung an unsere Kräfte machte, und nach dieser Zeit befanden wir uns scheinbar dem Gipfel nicht näher, als da, wo Bennen seine Hoffnungen so zuversichtlich äusserte. Ich sah besorgt auf meinen Führer, als er seine müden Augen zum fernen Gipfel wandte. Es lag keine Zuversicht in seinem Ausdruck, und doch glaube ich nicht, dass einer von uns auch nur für einen Augenblick den Gedanken hegte, den Anstieg aufzugeben. Wenger klagte über seine Lungen und Bennen rieth ihm mehrere Male, zurückzubleiben, doch dies verweigerte der Oberländer entschieden. Beim Beginn der Tagesarbeit ist man oft ängstlich, wenn nicht schüchtern; wird aber die Arbeit sehr schwer, so werden wir zähe und bisweilen gleichgültig durch die immerwährende Aufregung. So war es jetzt bei mir und ich gab Acht, dass meine Gleichgültigkeit nicht zur Unvorsichtigkeit wurde. Ich versetzte mich öfter in Gedanken in die Lage, dass eine plötzliche Kraftanstrengung von mir gefordert werden könnte, und fühlte jedes Mal, dass ich noch ein gut Theil Kräfte besässe, die ich im Nothfalle daran setzen könnte. Ich stellte mich bisweilen durch einen Sprung auf die Probe, und indem ich mich plötzlich von Fels zu Fels schleuderte, wurde ich mir meiner Kraft durch die That bewusst, anstatt der Vermuthung zu vertrauen. Eine Erhöhung auf dem Grate, die den Blick auf den Gipfel hinderte, war jetzt das Ziel unserer Anstrengung. Wir erreichten sie; aber wie hoffnungslos weit erschien jetzt der Gipfel. Bennen legte sein Gesicht einen Augenblick auf seine Axt; schmerzliche Verzweiflung sprach aus seinem Auge, als er

sich zu mir wandte und sagte: «Lieber Herr, die Spitze ist noch sehr weit oben.» [auch im Original auf Deutsch!] Damit aber der Wunsch, mir zu Gefallen zu sein, ihn nicht verleite, zu weit zu gehen, sagte ich meinem Führer, dass er um meinetwillen nicht weiter ausharren solle; dass ich gern in dem Augenblicke mit ihm umkehren wolle, wo er es nicht mehr für sicher halte, weiter zu gehen. Er antwortete, dass er, obgleich müde, doch seiner ganz sicher wäre, und verlangte etwas zu essen. Wir gaben es ihm und einen Schluck Wein, der ihn sehr erfrischte. Und als er den Berg mit festerem Auge ansah, rief er: «Herr! wir müssen ihn haben» [dito], und seine Stimme klang, als er sprach, wie Erz in meinem Herzen. Ich dachte an die Engländer in der Schlacht, an die Eigenschaften, die sie berühmt gemacht hatten: es war vor allen die gewesen, dass sie kein Zurückweichen kannten – dass sie aus Pflicht kämpften, selbst wenn sie keine Hoffnung auf Erfolg mehr hatten. Solche Gedanken halfen mir die Felsen erklimmen. Noch eine Erhöhung war vor uns, hinter der der Gipfel, wer weiss wie weit, noch lag. Wir erkletterten die Höhe, und über uns, aber in erreichbarer Ferne, hob sich eine Silberpyramide von dem blauen Himmel ab. Zehnmal liess ich mir von meinen Gefährten versichern, dass es die höchste Spitze sei, ehe ich es wagte, daran zu glauben. Ich fürchtete, diese Hoffnung könnte auch zu den bitteren Enttäuschungen gehören, deren wir so viele auf unserem Anstieg gehabt hatten, und ich bebte vor ihrem moralischen Einflusse. Ein grosses Prisma von Granit oder Gneiss bildete den Abschluss des Grates und von ihm lief ein messerbreiter Grat von weissem Schnee zu einem kleinen Punkte. Wir gingen am Kamm entlang, betraten den Punkt und augenblicklich überflog un-

Über den Wolken: Der Weisshorn-Ostgrat als klare Linie zwischen Sonnenlicht und Wolkenfahne, fotografiert vom Zugangsweg zur Kinhütte auf der Mischabelseite von Randa (oben).
Eine Seilschaft auf dem obersten, firnigen Abschnitt des Ostgrates, hoch über dem Tal und gegenüber der Mischabelgruppe; Foto von Kurt Baumann (folgende Doppelseite).

Messerscharf: Viel Platz lässt das Weisshorn seinen Besteigern nicht gerade, weder auf dem Gipfel noch auf den drei Graten. Schwindelfrei sollte man also sein, wenn man darüberbalanciert. Umso mehr Raum gibt es drum herum.

ser Auge den ganzen Horizont. Wir standen auf dem höchsten Gipfel des gefürchteten Weisshorns.

Die lange zurückgehaltenen Gefühle meiner beiden Gefährten brachen in einen wilden und oft wiederholten Jubelruf aus. Bennen warf seine Arme in die Luft und schrie wie ein Walliser, Wenger stiess den gellenden Ruf des Oberlandes aus. Wir sahen den Grat hinunter und tief unten konnten wir auf einer seiner Zacken die beiden Männer aus Randa erkennen. Immer und immer wieder wurde der Triumphschrei ihnen hinunter gesandt. Sie hatten erst einen kleinen Theil des Kammes hinter sich und bald nach unserem glücklichen Erfolg wandten sie sich heimwärts. Sie waren ohne Zweifel willig genug, unseren Misserfolg auszuposaunen, wenn wir unser Ziel nicht erreicht haben würden, aber wir hörten nachher, dass sie ebenso eifrig gewesen waren, unseren Erfolg zu verkünden; sie hätten uns, so betheuerten sie, wie drei Fliegen auf dem Gipfel des Berges gesehen. Beide Männer mussten um der Wahrheit willen viel leiden, denn Niemand wollte in Randa glauben, dass das Weisshorn bestiegen werden könne, und am wenigsten von einem Manne, der zwei Tage vorher der Gegenstand des tiefsten Mitleidens der Philomene, der Kellnerin, gewesen war, da sein Magen sich in der Unmöglichkeit befand, all das zu geniessen, was sie ihm anbot. Doch hatte zuletzt die Macht der Ueberzeugung, mit der die Männer ihr Zeugniss ablegten, auch die grössten Zweifler besiegt, noch ehe wir kamen. Bennen wollte gern ein äusseres und sichtbares Zeichen unseres Erfolges auf dem Gipfel zurücklassen. Er jammerte, dass er keine passende Flagge habe; wir schlugen ihm als Ersatz dafür vor, den Griff einer unserer Aexte als Flaggenstock zu benutzen und ein rothes Taschentuch daran zu befestigen. Dies geschah und eine Zeit lang sah man das improvisirte Banner im Winde flattern. Zu Bennen's grosser Freude zeigte es ihm mein Freund Francis Galton [Wissenschaftler, bestieg 1861 die Dufourspitze] drei Tage nachher vom Riffelberg-Hôtel aus.

Jeder Schweizer Bergbesteiger [im Original «Every Swiss tourist»] kennt das Weisshorn. Ich habe es lange als den stolzesten der Berge in den Alpen betrachtet und die meisten anderen Reisenden theilen diese meine Meinung. Den Eindruck, den es erweckt, verdankt es zum Theil seiner verhältnissmässigen Isolirung, in der es gen Himmel aufsteigt. Es wird von anderen Bergen nicht verdeckt und rings herum sieht man von den Alpen aus seine hohe Pyramide. Umgekehrt beherrscht auch das

Weisshorn einen weiten Umkreis. Weder Bennen noch ich hatten je etwas dem Aehnliches gesehen. Der Tag war überdies vollkommen schön; keine Wolke war am Himmel und der duftige Hauch der fernen Luft, obgleich er genügte, die Umrisse zu mildern und die Färbung der Berge zu verschönern, war doch zu leicht, um irgend etwas zu verschleiern. Ueber die Gipfel und durch die Thäler ergossen sich die Sonnenstrahlen, nur durch die Berge selbst behindert, die ihre Schatten als dunkle Massen durch die erleuchtete Luft warfen. Nie vorher hatte ich einen Anblick erlebt, der mich so in tiefster Seele ergriffen hätte. Ich wollte in meinem Notizbuch einige Beobachtungen niederschreiben, es war mir aber unmöglich. Es schien mir etwas Unharmonisches, wenn nicht Entweihendes, wollte ich den wissenschaftlichen Gedanken gestatten, in dieser gehobenen Stimmung sich einzuschleichen, wo schweigende Huldigung «der einzig mögliche Gottesdienst war».

Wir waren zehn Stunden von unserem Nachtquartiere bis zum Gipfel herauf geklettert, und wir mussten vor Tagesschluss den Berg verlassen haben. Unsere Muskeln waren erschlafft und betäubt und weigerten, wenn sie nicht sehr angestrengt wurden, jede kräftige Spannung: indess lief der Gedanke an unseren Erfolg wie feueriger Wein durch unsere Adern und half uns bergab. Wir hatten anfangs geglaubt, der Abstieg würde schnell gehen, aber wir hatten uns sehr geirrt. Wie beim Aufstieg, übernahm Bennen die Leitung; er umging sorgfältig jede Felsklippe, wartete, bis ich bei ihm war; ich wartete bis Wenger mich erreicht hatte, und so war der Eine oder der Andere von uns immer in Bewegung. Unser Führer bevorzugte den Schnee, während ich mich auf den Felsen hielt, wo meine Hände den Füssen helfen konnten.

Unsere Muskeln wurden hart geprüft durch das ewige Umkreisen der zersplitterten Felsthürme des Grates, aber es musste ein langes, langes Stück des Grates zurückgelegt werden, ehe wir daran denken durften, ihn zu verlassen.

Von Zeit zu Zeit wurden wir aus unserer Lethargie durch das Poltern der Steine aufgeschreckt, die wir vom Kamme ablösten und die dann den Berg hinunterrollten. Bald nachdem wir wieder über den schon erwähnten schmalen Schneerücken gegangen waren, verliessen wir den Grat, um am seitlichen Abhange der Pyramide hinunter zu steigen. Die Oberfläche war von Couloirs durchschnitten, von denen die tiefsten und schmalsten voll von Eis waren, während die anderen den oben von den Wettern ausgebrochenen Steinen

Stimmungsvoll: Der englische Maler Elijah Walton wählte für sein zweibändiges Werk «Vignettes: alpine and eastern» von 1873 die seltene Ansicht des Weisshorns als entrückte Spitze im Hintergrund des Turtmanntals.
Jacques Perret, einer der besten Kenner der alpinen Literatur, nahm die Werke von Walton für seine 2011 publizierte Zusammenstellung «Regards sur les Alpes 1515–1908» über die 300 wichtigsten und schönsten Bücher zu den Alpen auf.

als Heerstrasse dienten. Stufen mussten ins Eis gehauen werden, aber der Schlag der Axt ist von dem am heutigen Morgen sehr verschieden. Bennen's Schläge fielen mit der Bedachtsamkeit eines Mannes, dessen Kraft halb gelähmt ist; doch fielen sie mit genügender Wucht und die nothwendigen Höhlungen entstanden. Auf einigen der Eisabhänge benutzten wir die Stufen von heute Morgen. Kein warnendes Wort war beim Aufstieg gesprochen worden, aber jetzt warnte uns Bennen oft und eindringlich. – «Nehmen Sie sich in Acht, nicht auszugleiten.» Ich dachte, dass wenn auch Jemand ausglitte, er doch im Stande sein würde, seinen Sturz aufzuhalten; aber Bennen antwortete kurz angebunden, als ich ihm meine Ansicht aussprach. – «Nein, es ist vollkommen unmöglich. Wäre es Schnee, so ginge es vielleicht, es ist aber reines Eis und wenn Sie fallen, verlieren Sie die Besinnung, noch ehe Sie Ihre Axt gebrauchen können.» Ich glaube, er hatte recht. Endlich konnten wir uns direct abwärts wenden, und arbeiteten einen der Grate entlang, die in der steilsten Falllinie lagen. Wir liessen uns zuerst vorsichtig von Felsvorsprung zu Vorsprung hinunterfallen. An einer Stelle klammerte sich Bennen längere Zeit an einen Felsen und streckte Arme und Beine wie Fühlhörner aus, indem er mich bat, stille zu stehen. Ich verstand nicht, worin hier die Schwierigkeit lag, da der Fels, wenn auch steil, doch nicht senkrecht war. Ich hielt mich an ihm fest, während Bennen auf einem Vorsprung darunter stand und mich auffangen wollte. Der Ort, wo er stand, war eine kleine, abgerundete Erhöhung, die wohl genügte, ihm einen festen Halt zu geben, über die ihn aber die kleinste Bewegung hinausgerissen haben würde. Das wusste er und daher seine Vorsicht. Bald nachher verliessen wir unseren Grat und liessen uns in einen, links von ihm laufenden Couloir gleiten. Er war dunkel und feucht von sickernden Wassern. Wir machten uns hier vom Seil los und konnten nun viel schneller voran kommen. Stellenweise waren die Felsen zu Pulver zermalmt und über diese schossen wir gleitend hinweg. Wieder wandten wir uns links, stiegen über einen Grat und kamen in einen anderen, trockeneren Schrund. Der letztere war gefährlich, da das Wasser stetig die Felsen unterminirte. Von unserer jetzigen Stellung aus konnten wir das Rollen der Steine hören, die den Schrund, den wir eben verlassen hatten, hinunterstürzten. Wenger, der bis jetzt der Letzte war, muss an die Spitze; er hat nicht Bennen's Kraft, aber seine Beine sind lang und sein Abstieg rasch. Er sucht den Weg, der schwerer und schwerer wird. Er hält an, beobachtet, schwankt, kommt aber zuletzt zum plötzlichen Stillstand auf der Höhe eines Abgrundes, der sich wie ein Wall um den Berg zieht. Wir wenden uns nach links, und nach einem langen Umwege gelingt es uns, den Abgrund zu umgehen.

Die folgende halbe Stunde bringt uns an den Rand eines zweiten Abgrundes, der so ausgehöhlt ist, dass sein Rand überhängt. Auf Bennen's Gesicht spricht sich grosser Kummer aus: er sah nach oben, und mich erfasste tödtliche Angst, er könnte einen neuen Aufstieg zum Grat vorschlagen. Es war sehr fraglich, ob unsere Muskeln einer solchen Anforderung hätten genügen können. Während wir sinnend hier standen, erregte ein dumpfes und wirres Getöse unsere Aufmerksamkeit. Ein Fels hatte sich dicht unter dem Gipfel des Weisshorns losgelöst, und stürzte einen trockenen Schrund hinunter; eine Staubwolke erhob sich, wo er auf den Berg aufschlug. Sogleich waren hundert ähnliche in Bewegung – und den Raum zwischen den

grossen Felsstücken füllte eine unzählbare Menge von fliegenden kleinen Steinen aus. Jeder schüttelte seinen Theil Staub in die Luft, bis zuletzt die Lawine in eine Wolke gehüllt war. Das Gepolter war betäubend, denn die Zusammenstösse waren ununterbrochen. Schwarze Felsmassen durchbrachen hier und dort die Wolke und fuhren wie fliegende Teufel durch die Luft. Sie bewegten sich nicht nur gerade fort, sondern sie wirbelten und zuckten in ihrer Flucht, als ob sie von Flügeln vorwärts getragen würden. Von allen Seiten hallten die Echos vom Schallenberg zum Weisshorn und zurück, bis endlich nach manchem tief dröhnendem Fall in den Schnee der ganze Haufen am Fusse des Berges zur Ruhe kam. Diese Steinlawine war eine der aussergewöhnlichsten Erscheinungen, die ich je beobachtet hatte, und deshalb möchte ich die späteren Besteiger des Weisshorns auf die Gefahr aufmerksam machen, der sie sich aussetzen, wenn sie ihn von dieser Seite, ausgenommen auf einem der Grate, ersteigen wollen. Jeden Augenblick kann die Bergseite von einem ebenso tödtlichen Geschoss, wie dem der Kanone, getroffen werden.

Nach reiflicher Ueberlegung gingen wir den Abgrund westlich entlang; ich fürchtete, dass uns jeder Schritt vorwärts in noch grössere Schwierigkeiten stürzen könnte. An einer Stelle indess neigte sich der Abgrund in schiefer Richtung einem glatten Felsen zu, an dem entlang ein Riss lief, der breit genug war, die Finger hineinzustecken, und der seitlich zu dem tiefer liegenden Gletscher abfiel. Einer nach dem Anderen fasste in den Felsen, liess seinen Körper seitlich den Riss entlang gleiten, bis dass er dem Gletscher nahe genug war, um ihn durch ein unsanftes Hinabfallen

Ein weiter Weg zurück ins Tal: Schon Tyndall und Gefährten machten am Weisshorn die Erfahrung, dass der Abstieg noch fast länger und schwieriger ist als der Aufstieg. Sie schafften die Rückkehr schliesslich, weil Benet am Vortag einen gangbaren Weg mit dem Fernglas entdeckt hatte, als er eine Gämse beobachtete.

The Valais for ever: John Tyndall war viel und vielerorts in den Westalpen unterwegs, im Wallis gefiel es ihm am besten – nicht ganz zufällig erreichte er ja auch als Erster einen der ganz prominenten Walliser Gipfel. Die Einheimischen schätzten die Treue des berühmten Mannes zu ihrem Landstrich. Mit «Ernte» betitelte Foto von Hermann Anker; am Horizont Tyndalls Berg.

zu erreichen. Wir gingen schnell über den Gletscher, bald laufend, an steilen Gehängen gleitend, bis wir zum dritten Male durch einen Abgrund aufgehalten wurden, der noch schlimmer als die übrigen zu sein schien. Er war ganz steil, und so weit ich rechts oder links sehen konnte, vollkommen hoffnungslos. Zu meiner Ueberraschung wandten sich beide Männer, ohne sich zu besinnen, nach rechts. Ich war vollständig rathlos, konnte aber keinen Zug von Sorge in den Gesichtern meiner Gefährten finden. Sie untersuchten die Moränetrümmer, auf denen wir gingen, bis endlich einer von ihnen ausrief: «da sind die Spuren», und zugleich längere Schritte machte. Wir sahen ab und zu über den Rand und entdeckten zuletzt einen Lehmstreifen auf der Wand des Absturzes. Auf diesem Streifen konnten wir Fuss fassen. Es war nicht leicht, aber für so hart geprüfte Männer eine Erlösung. Der Streifen verschwand und wir mussten jetzt am Felsen hinunter. Dieser war glücklicher Weise uneben, so dass, wenn wir uns mit den Händen an seinen abgerundeten Protuberanzen [= höckerartige Vorwölbung, besonders bei Knochen] hielten und die Stiefelnägel gegen die vorspringenden Krystalle drückten, wir uns langsam hinunter lassen konnten. Eine tiefe Kluft trennte den Gletscher vom Abgrunde; diese durchkletterten wir und dann waren wir frei, da wir jetzt jenseits der letzten Ringmauer des Berges standen.

Ausgezeichnet bewährten sich meine Führer bei dieser Gelegenheit. Am Tage vor meiner Ankunft in Randa waren sie auf dem Berge gewesen und hatten eine einsame Gemse beobachtet, die an dem Fusse dieses selben Absturzes entlang ging und vergebliche Versuche gemacht hatte, hinauf zu kommen. An einer Stelle gelang es dem Geschöpf; diese Stelle merkten sie sich, und als sie oben am Rande des Absturzes angekommen waren, suchten sie nach den Fussspuren der Gemse, fanden sie und wurden durch sie an die einzige Stelle geführt, wo ein Entweichen aus dieser Lage möglich war. Jetzt war unser Weg klar vorgezeichnet; über den Gletscher wanderten wir heiter und vergnügt, und

verliessen gerade das Eis, als der Mond und der östliche Himmel gleichzeitig zur Beleuchtung beitrugen. Später wurde das Mondlicht durch Wolken verhüllt. Im Dunkel waren wir oft im Zweifel über den Weg und gingen wie betäubt über die grasigen Abhänge hinab. Endlich hörten wir das willkommene Geläute der Kuhglocken in einiger Entfernung und von ihnen geleitet, erreichten wir um 9 Uhr Abends die Sennhütte. Die Kühe waren gemolken und die Milch verbraucht, aber der Mann besorgte uns doch noch einen bescheidenen Trunk. So gestärkt, setzten wir unseren Abstieg fort. Ich war halb verhungert, denn ich hatte während des Tages nichts als etwas Conservenfleisch genossen, das mir Hawkins [mit Francis Vaughan Hawkins hatte Tyndall 1860 einen Ersteigungsversuch des Matterhorns von Breuil aus gemacht] gegeben hatte. Bennen und ich gingen den Berg vorsichtig hinunter und nach manchen Windungen erreichten wir endlich das Thal und etwas vor 11 Uhr Abends das Hotel. Ich bekam eine Schüssel Fleischbrühe, nicht nach Liebig zubereitet, und ein Stück Hammelfleisch, das wahrscheinlich zum fünften Male gewärmt worden war. Hierdurch gestärkt und durch ein warmes Fussbad erquickt, ging ich zu Bett und ein sechsstündiger fester Schlaf verjagte jedes Gefühl von Ermüdung.
Ich war am anderen Morgen erstaunt, die losen Atome meines Körpers durch eine so kurze Ruhe wieder so fest verbunden zu fühlen. Vor meiner Besteigung des Weisshorns war ich mehr oder weniger leidend gewesen, jetzt war aber alle Schwäche verschwunden, und während meines Aufenthaltes in der Schweiz wusste ich Nichts mehr von Krankheit.
[Im Buch »Mountaineering in 1861« endete der Weisshorn-Text folgendermassen:
If you, my friend, should ask me why I incur such labour and such risk, here is one reply. (Wenn du, mein Freund, fragen solltest, warum ich solche Anstrengung und solches Risiko auf mich nehme, hier ist eine Antwort.)
The height of the Weisshorn is fourteen thousand eight hundred and thirteen feet. Height, however, is but one element in the difficulty of a mountain. Monte Rosa, for example, is higher than the Weisshorn, but the difficulty of the former is small in comparison to that of the latter.]

Sein liebster Platz: die Belalp ob Naters bei Brig. Von 1861 bis zu seinem Tod 1893 weilte John Tyndall jedes Jahr hier, zuerst im Hotel Belalp, seit 1877 in der Villa Lusgen oberhalb des Hotels (im Vordergrund zu sehen; Foto ganz oben). Rund 200 Meter weiter oben steht seit 1911 das von seiner Frau gestiftete Tyndalldenkmal.

John Tyndall (1820–1893)
Meister und Vermittler zweier Welten

Von Irland auf die Belalp
Leighlinbridge, Irland. 41 Meter über Meer. Kein Berg. Nicht mal ein Hügel. Flacher könnte die Welt nicht sein, in die John Tyndall am 2. August 1820 hineingeboren wird. Der Vater ist Polizeibeamter, die Mutter Bauerntochter, die Familie lebt in bescheidenen Verhältnissen. Nach der Grundschule arbeitet Tyndall ab 1839 als Vermesser für den irischen Staat und für englische Eisenbahngesellschaften. Erst 28-jährig beginnt er ein Studium in Marburg, wo er 1850 dissertiert. Aus Deutschland kehrt Tyndall mit einer erstklassigen Ausbildung zurück, die ihm die Türen der Forschung öffnet: 1852 ist er bereits Fellow der Royal Society, 1853 Professor für Physik an der renommierten Royal Institution in London. Es folgt eine jahrzehntelange intensive Forschertätigkeit. Obwohl Romanzen nicht abgeneigt, verbringt der Junggeselle seine Tage meist unter guten Freunden und pflegt eine enge Beziehung zur Schwester Emma. In wissenschaftlichen Kreisen muss er dagegen auch hartnäckige Feinde hinnehmen: Kein Wunder, steigt er doch für seine Theorien auch selbst auf die Barrikaden. 1876 geht der 56-jährige Tyndall mit der 30-jährigen Louisa Hamilton, Tochter aus adligem Haus, den Bund fürs Leben ein. Die kinderlose Ehe steht unter einem glücklichen Stern: An der Seite seiner Frau lebt Tyndall sichtlich auf – «they were together in all things», wie es der «Dictionary of National Biography» formuliert. Ein Jahr nach der Hochzeit baut das frisch vermählte Paar eine Bleibe auf der Belalp oberhalb Naters, die Villa Lusgen. Der Grundstückspreis wird auf 900 Franken festgelegt, darüber hinaus spenden sie 2512 Franken für die Dorfschule und weitere gemeinnützige Anliegen. Die Belalp ist kein Zufall: Seit dem ersten Besuch 1861, dem Jahr der Erstbesteigung des Weisshorns, besucht Tyndall die Siedlung – deren Aussicht er als «the most beautiful in the Alps» beschreibt – jeden Sommer und hält seiner «geistigen Heimat» Belalp bis zu seinem Tod ununterbrochen die Treue. Eine Treue, die ihm die Gemeinde Naters 1887 mit der Ehrenbürgerschaft verdankt – in Anerkennung seiner Menschlichkeit, seiner Solidarität mit den Einheimischen und der medizinischen Unterstützung, die er den Alpbewohnern in all den Jahren gewährt.
Ab 1886 verschlechtert sich der Zustand des seit je eher kränklichen Tyndall, der zudem an chronischer Schlaflosigkeit leidet. Sein letzter Besuch der Belalp datiert vom Sommer und Herbst 1893. Danach kehrt das Ehepaar nach England zurück, wo es seit 1884 in Hindhead wohnt. Am 4. Dezember morgens erhält Tyndall von seiner Frau irrtümlicherweise eine letale Überdosis des Schlafmittels Chloralhydrat. «There is a curios sweet taste», bemerkt er trocken, und als sie das Missgeschick feststellen, fügt er noch an: «Yes, my poor darling, you have killed your John.»

As a Man of Science
«In Memoriam John Tyndall – I. As a Mountaineer – II. As Man of Science» titelt das «Alpine Journal» 1894. Beginnen wir mit dem Man of Science. In seiner Forschungstätigkeit befasst sich Tyndall mit zahlreichen Bereichen der Naturwissenschaften. Als begnadeter Experimentalphysiker erfindet er mehrere Messmethoden, die ihm das Vorstossen in neue Forschungsfelder erlauben. Zur Wärmelehre verfasst er ein Standardwerk, das jahrzehntelang weltweit Bestand hält. Auch im Bereich der Schallausbreitung handelt er sich Ruhm ein.
Besonders bahnbrechend sind seine Untersuchungen der Licht- und Wärmestrahlung in der Atmosphäre. Mit seinen Apparaturen misst er das Absorptionsverhalten verschiedener Gase und legt damit den Grundstein zum Verständnis des Treibhauseffekts: Seine Theorie – «Die Atmosphäre lässt den Eintritt der Sonnenwärme zu, hemmt aber deren Austritt; und das Resultat ist eine Tendenz zur Wärmeakkumulation an der Oberfläche des Planeten» (1859) – gehört heute zum Grundwissen eines jeden Klimaforschers. Im Rahmen seiner Messungen der Streuung von Lichtstrahlen in Suspensionen entdeckt er, dass die kurzwelligen Bestandteile des Lichts (Blau, Violett) stärker gestreut werden als die langwelligen (Rot, Orange) – den sogenannten Tyndalleffekt. Gestützt auf diese Entdeckung publiziert er 1868 «On the Blue Colour of the Sky» mit einer

Über die Schulter schauen: Louisa, geborene Hamilton, und ihr Ehemann John Tyndall in der Bibliothek in Hindhead bei Haslemere in Südostengland, wo die beiden seit 1884 wohnten. Und wo er 1893 an einer unbeabsichtigten Überdosis Schlafmittel starb.

experimentellen Erklärung der Blaufärbung des Himmels – die zwar auf falschen Annahmen basiert, ihre Gültigkeit aber in abgeänderter Form bis heute bewahrt. Zu seinen Verdiensten gehören auch revolutionäre Messmethoden im Bereich der Aerosol- und Schadstoffkonzentrationen. Verwehrt bleibt ihm der Durchbruch in der Glaziologie, die er mit Leidenschaft betreibt – darin aber im Schatten anderer Zeitgenossen bleibt. Darüber hinaus beschäftigen ihn Fragen der Messtechnik, der Biologie und der Medizin – und konkrete Anwendungen seiner Forschungsgebiete. Von einem Messgerät für die Konzentration des Kohlenstoffdioxids in der Atemluft (1862) bis zum Nebelhorn für die Schifffahrt (um 1870), vom Atemschutzgerät für Feuerwehrleute (1871–1874) bis zu einem neuen Verfahren zur Entkeimung von Lebensmittel («Tyndallisation», 1877): Die Spuren seiner weit gefächerten Interessen sind bis heute sichtbar. Nicht ganz zu Recht wird ihm dagegen die Erfindung des Lichtleiters, des Vorgängers der Glasfaser, zugeschrieben.

Tyndall gehört zu den führenden Köpfen der Viktorianischen Ära. Viele Universitäten, darunter seine Alma Mater Marburg, verleihen ihm die Ehrendoktorwürde, weltweit rund 30 naturforschende Gesellschaften ernennen ihn zum Ehrenmitglied – auch jene der Schweiz, Zürichs, Genfs, der Waadt oder Graubündens. Anders als viele seiner Kollegen, die zurückgezogen im Elfenbeinturm leben, bemüht er sich darum, das moderne Wissen weiterzugeben: Mit beliebten öffentlichen Vorlesungen erlangt er Berühmtheit in breiten Bevölkerungskreisen weit über England hinaus und unterstützt nach Kräften die 1869 gegründete «Nature» – bis heute eine der bedeutendsten Fachzeitschriften der Welt.

As a Mountaineer

Tyndalls erste Schritte als Bergsteiger gehen auf seine Studienzeit in Marburg zurück: 1849 besucht er von dort aus die Schweiz und fährt nach Arth. «Here on

Fast auf gleicher Höhe: Michael Faraday (1791–1867) und John Tyndall (rechts), um 1860. An der Royal Institution arbeiteten sie zusammen. 1868 veröffentlichte Tyndall die wissenschaftliche Biografie «Faraday as a Discoverer» (Faraday und seine Entdeckungen, 1870).

September 26th I bought my first Alpenstock and faced with it the renowned Rigi». Am 29. September sieht er erstmals den Rhonegletscher. Und wandert weiter, nach Guttannen, nach Lauterbrunnen. Seine Verhältnisse zwingen ihn, überall zu sparen: «Trusting to my legs and stick, repudiating guides, eating bread and milk, and sleeping when possible in the country villages where nobody could detect my accent, I got through amazingly cheap.» Doch die Berge, insbesondere die überlaufene Rigi, scheinen Tyndall vorerst wenig Eindruck zu machen.

Erst sieben Jahre später, 1856, ist er wieder in den Alpen unterwegs, wo er endlich die heilsame Kraft der Berge als Ausgleich zum Forscherleben in England entdeckt: «In meiner Mattigkeit war schon nur der Gedanke an Schneegipfel und Gletscher eine freudige Erregung.» Von da an ist kein Halten. Er besucht viele Bergregionen und Gletscher, wird allmählich zum Bergsteiger und unternimmt 1857 seine erste Hochtour, die ihn auf den Mont Blanc führt. Das Dach der Alpen erreicht er auch 1858 – und 1859, als er mit mehreren Kollegen, Führer und Träger die Nacht absichtlich zu dreizehn in einem sieben Quadratmeter kleinen Zelt bei Sturmwind und Kälte auf dem Gipfel verbringt. 1858 erklimmt er mit Johann Joseph Benet – von da an sein bevorzugter Bergführer – das Finsteraarhorn. Vordergründig keine grosse Tat, in Wirklichkeit eine beachtliche Leistung: Zu dieser Zeit ist ein Gast selten mit bloss einem Führer unterwegs, und die beiden steigen mit schweren Messgeräten auf dem Rücken durchgehend unangeseilt bis auf den Gipfel. Vom Hotel Jungfrau am Eggischhorn steigen sie am Vortag zum Biwakloch am Faulberg auf, etwas unterhalb der heutigen Konkordiahütte. Dann: Aufbruch um drei Uhr in der Früh, Abstieg zum Aletschgletscher, Aufstieg zur Grünhornlücke, Wiederabstieg, Aufstieg zum Finsteraarhorn, Messungen auf dem Gipfel, Abstieg, Grünhornlücke, Abstecher zum Faulberg, um die Biwakausrüstung zu holen, und über den Grossen Aletschgletscher zurück zum Hotel Jungfrau – zeitig genug, um vor dem Nachtessen noch ein Bad nehmen zu können.

Im gleichen Jahr ist Tyndall mit Christian Lauener auf der Dufourspitze, die er wenige Tage später erneut besteigt – als erster Mensch im Alleingang, bloss mit einem Schinkensandwich und einer halben Flasche Tee, vom Riffelberg aus. 1860 folgt im Jungfraugebiet die Begehung des steilen Louwitor-Couloir vom Rottal aus, mit Francis Vaughan Hawkins, Christian Lauener und Ulrich Kaufmann. Zwei noch unerstiegene Walliser Berge fesseln fortan Tyndalls Leidenschaft: das Matterhorn und das Weisshorn. Sein Meisterstück wird 1861 die Erstbesteigung des Weisshorns mit Benet und Ulrich Wenger. Anders am Matterhorn, das von mehreren Spitzenbergsteigern und Bergführern umworben wird. Dort klettert er zwar zweimal so hoch hinauf wie niemand zuvor: 1860 mit Vaughan Hawkins, Benet und Jean-Jacques Carrel bis knapp 4000 Meter, dann 1862 mit Benet, Anton Walter, Jean-Antoine und Cesar Carrel bis 4244 Meter. Die Lorbee-

Nur die Schulter: Die Erstbesteigung des Matterhorns versuchte John Tyndall zweimal, gelangte 1862 gar bis auf den markanten Absatz links, seither Pic Tyndall genannt. Der Gipfel rechts ist die Dent Blanche (oben). Karikatur von F. C. Gould von 1890: Tyndall konnte nicht nur mit dem Pickel zuschlagen, sondern auch mit dem Stift (unten).

ren am Berg der Berge holt sich bekanntlich sein Konkurrent Whymper 1865, dafür glückt Tyndall 1868 die erste Überschreitung, von Breuil nach Zermatt, mit fünf Führern unter der Leitung von Jean-Joseph Maquignaz.
Kein schlechter Leistungsausweis für einen oft kränklichen Flachländer. Seine Erlebnisse finden in drei Büchern ihren Niederschlag: «The Glaciers of the Alps» (1860), einer Mischung aus bergsteigerischem Erzählband und wissenschaftlicher Abhandlung; «Mountaineering in 1861», worin er auch seine Weisshorn-Tour erstmals schildert; und «Hours of Exercise in the Alps» (1871), einem grossen Klassiker der frühen Alpinliteratur. 1858 nimmt Tyndall die ihm angebotene Mitgliedschaft beim Alpine Club an und wird 1862 dessen Vizepräsident – um wenige Wochen später empört zurückzutreten, als sein Gegenspieler Leslie Stephen vor versammeltem Club die nicht bloss sportlich motivierte Bergsteigerei lächerlich macht und Tyndall durch den Kakao zieht als «einen dieser Fanatiker, die, aus einem für mich vollkommen unergründlichen Gedankengang heraus, die Begehung der Alpen irgendwie mit Wissenschaft in Verbindung gebracht haben» – eine Bemerkung, für die Stephen 2008 im «Alpine Journal» das Prädikat «smart-arse» (Klugscheisser) kassieren wird. Dass Zeit viele Wunden heilt, zeigt Tyndalls Ernennung zum Honorary Member des Alpine Club 1887 – eine Ehre, die Leslie Stephen nie zuteil wurde. Weniger lange warten andere Bergsteigervereine: Der SAC wählt ihn 1865 zusammen mit Agassiz zu seinem zweiten (und ersten ausländischen) Ehrenmitglied, 1876 macht ihn der Club Alpino Italiano zum Socio onorario.

As a Monument

Angesichts seines schillernden Schaffens erstaunt es kaum, dass Tyndall an mehreren Orten der Welt verewigt wurde. Die 4241 Meter hohe Südwestschulter des Matterhorns heisst seit den späten 1860ern Pic Tyndall. Um 1900 wird der 3111 Meter hohe Vorder Tierberg im Grimselgebiet zeitweilig auch Tyndallhorn genannt. In Chile, Alaska, Kenia und Neuseeland findet man einen Tyndall Glacier, in Kalifornien einen Mount Tyndall, in Tasmanien einen Tyndall Range und eine Tyndall Regional Reserve.

Auf der Belalp führt eine Tyndall-Skipiste fast an Tyndalls Villa vorbei. «Endstation Belalp» heisst der Bergkrimi von Mirjam Britsch aus dem Jahr 2009, dessen Hauptfigur deutlich an Tyndall angelehnt ist und ebenfalls an einer Überdosis Chloral stirbt – allerdings nicht zufällig... Und ebenfalls auf der Belalp ragt eine schlichte Granitsäule in den blauen Himmel: das Tyndalldenkmal, von dem man einen prächtigen Blick zum Weisshorn und zum Matterhorn geniesst. Tyndall, der das Wallis zu seiner zweiten Heimat auserwählte und die Belalp so schätzte, würde sich bestimmt freuen. Auch darüber, dass die Schweizer Landeskarte landesweit gerade mal neun Denkmäler namentlich aufführt – und nur eines, das einem Nichtschweizer gewidmet ist: einem herausragenden Walliser Bergsteiger aus einem topfebenen irischen Dorf.

Marco Volken

Ulrich Wenger (1831–?)
Der dritte Mann

«Minder wa nyd!» Das sagt Jakob Bracher, Lokalhistoriker und Postkartensammler von Grindelwald. Weniger als nichts wisse er leider über Ulrich Wenger, den Grindelwalder Führer bei der Erstbesteigung des Weisshorns vor 150 Jahren. Er gibt mir ein paar Adressen, wo ich vielleicht mehr erfahren würde. Aber da kam ich auch nicht weiter. Ulrich Wenger, Bergführer aus Grindelwald, Erstbesteiger eines so herausragenden Gipfels wie das Weisshorn? Unbekannt!

Natürlich habe ich auch Marco Bomio angefragt, Bergführer, Lehrer und Leiter des Grindelwald Museum. Seine Antwort per Mail: «Ich habe selber etwas recherchiert und meine Museumskollegen aktiviert. Bis jetzt auch ohne Erfolg. Wir haben weder ein Führerbuch noch eine Foto von Ulrich Wenger. Auch auf den alten Führercorpsfotos ist er nicht drauf.» Fehlanzeige ebenfalls in den beiden Standardwerken «Grindelwalder Bergführer» (1973) von Samuel Brawand sowie «Im Tal von Grindelwald, Band II: Vom Bergbauerndorf zum Fremdenort. Gastgewerbe und Alpinismus» (1986) von Rudolf Rubi; im Letzteren sind 26 Bergführer porträtiert – Ulrich Wenger ist nicht dabei. Aber in Tyndalls Bericht über die Erstbesteigung des Weisshorns können wir doch lesen: «Wenger war der Führer meines Freundes Forster gewesen und hatte sich auf der Strahleck so tüchtig und geschickt bewiesen, dass ich Bennen beauftragt hatte, ihn anzuwerben.» Johann Joseph Benet muss ihn gekannt haben, R. W. Elliot Forster ebenso. In den Büchern, welche die alpinistische Geschichte der Strahlegg, dieses wichtigen und häufig überschrittenen Gletscherpasses zwischen Grindelwald und Grimsel, aufarbeiten, sind Wenger oder Forster nicht aufgelistet – also haben sie wohl keine Erstbegehung gemacht. Genau das dürfte der Umstand sein, dass Ulrich Wenger seinen Platz in der Alpinismusgeschichte nur am Rande

Fehlt auch hier: Ulrich Wenger. Die Grindelwalder Bergführer im Jahre 1880 – vielleicht war Wenger damals schon gestorben.

gefunden hat: keine neuen Gipfel und Touren (soviel ich herausgefunden habe). Ausser einer ganz grossen: dem Weisshorn am 19. August 1861. Als zweiter Führer allerdings. Tyndall: «I follow him [Benet], Wenger follows me.»

Immerhin: Blättert man mit Hilfe von Google in alten Alpinbüchern, so kommt man Ulrich Wenger doch noch ein bisschen näher. In einer Notiz im zweiten Band des «Alpine Journal» von 1865/66 von R. C. Nichols zur Gamchilücke, einem vergletscherten Übergang zwischen Blüemlisalp und Gspaltenhorn, heisst es: «Our guide was Ulrich Wenger, of Grindelwald, who had crossed it once previously, but did not claim the credit of having been the discoverer of it.» Diese Tour, die Wenger offenbar früher schon mal gemacht hatte, fand am 7. September 1859 statt. Die letzte Nachricht von Wenger findet sich im «The School Magazine» vom März 1871: Da wird unser gesuchter Mann als «an old and tried [bewährt] guide» beschrieben, mit dem man einige Touren beim Aletschgletscher unternehmen wolle. Hört sich nicht nach alpinistischen Exploits an. Wirklich fündig wurde ich im ersten «Jahrbuch» des Schweizer Alpen-Clubs von 1864. Darin stellte Herausgeber Abraham Roth eine Liste der «ausgezeichneten Führer» zusammen und meinte solche, die sich «durch erste Ersteigungen oder Ueberschreitungen schwieriger Berge und Gletscherpässe» hervorgetan hätten. An der Spitze der Bergführer von Grindelwald, das nach Roth «den ersten Rang unter allen Führerplätzen der Alpenwelt einnimmt», setzte er sieben Führer, von Peter Bohren und Christian Almer (Plätze eins und zwei) bis Ulrich Kaufmann auf Platz sieben. Das sei sozusagen die alte Garde; dahinter reihe sich die «jüngere Trupp» an. Und da ist er, der Wenger Ueli, auf Platz 14: «An der Spitze dieser zweiten Gruppe sind zu nennen: Christen Bohren, Peter Schlegel und Peter Rubi; dann folgen: Rudolf Boss, Peter Baumann, Christen Gertsch, Ulrich Wenger und Christen Bleuer.»

Offenbar machte Wenger noch ein paar Plätze gut. Denn in der vierten Auflage vom «Illustrirter Schweiz-Führer» von 1866 in der Reihe «Meyer's Reisebücher», herausgegeben von Hermann Alexander Berlepsch, sind beim Stichwort «Führer» im Abschnitt Grindelwald an erster Stelle die gleichen Namen wie im SAC-Jahrbuch aufgelistet. Doch dann lesen wir: «Diese sieben sind die bedeutendsten Gletscherführer. Ihnen sind als tüchtige Führer in Grindelwald anzureihen: Ulrich Wenger, 35 Jahr, freundlicher Mann, spricht franz., war mit Prof. Tyndall auf dem Weisshorn.»

Daniel Anker

Johann Joseph Benet (1824–1864)
Der Garibaldi der Bergführer

«Ein Führer, namens Bennen, gehörte zum Hotel, ein eigenthümlich aussehender Mann zwischen 30 und 40 Jahren, von mittlerer Statur und sehr kräftigem Körperbau. Sein Gesicht war offen und fest, während ein Zug von Gutmüthigkeit aus seinen Augen leuchtete. Im Ganzen mach-

Ein wilder Hund: Bergführer Johann Joseph Benet in einer Zeichnung von Edward Whymper für das Buch von John Tyndall, seinem Gegner um die Erstbesteigung des Matterhorns. An bergsportlicher Ausrüstung Interessierte werden insbesondere Benets Pickel bestaunen.

te mir der Mann den Eindruck von physischer Kraft mit Charakterfestigkeit verbunden.» Die Begegnung mit Bennen im Hotel Eggishorn, kurz vor ihrer gemeinsamen Besteigung des Finsteraarhorns im Jahr 1858, macht Tyndall sichtlich Eindruck. Ebenso deutlich das Urteil von Francis Vaughan Hawkins zwei Jahre später: «Bennen übertrifft, wie ich glaube, alle anderen [Führer] in jenen Eigenschaften, die einen Menschen zum Anführen gewagter Unternehmungen befähigen, indem er Mut und Vorsicht mit einer ihm eigenen Ruhe und Kraft verbindet. Dadurch besitzt er die Fähigkeit, seine Taten so auszudenken und zu planen, sich auf seine Vorhaben so zu konzentrieren und diese so klar und zielgerichtet umzusetzen, wie ich es noch bei keinem anderen beobachten konnte. Das macht ihn auf seine Weise zu einer Art Garibaldi. Am Tag unserer Tour sagte ihm Tyndall ‹Sie sind der Garibaldi der Führer, Bennen›, worauf dieser auf seine einfache Weise antwortete: ‹Nicht wahr?›, mit einem heiteren Zug harmloser Selbstgefälligkeit, einem Anflug von verzeihbarer Wichtigtuerei, einer seiner liebenswürdigsten Eigenschaften. Durch und durch aufrichtig und einfach in Gedanken und Ausdruck, seinen Freunden zugetan, ohne eine Spur von heimlichem Eigennutz gegenüber seinen Kunden, verströmt er eine Unabhängigkeit, eine Überlegenheit im Vergleich zu den meisten seiner Zunft, die ihn, wie mir scheint, so ziemlich zu einer Einzelerscheinung machen.»

Führer im Goldenen Zeitalter
Bennen: So nennen ihn die Engländer. Tatsächlich heisst er Johann Joseph Benet. Am 2. November 1824 kommt er in Steinhaus, Goms, zur Welt. Sein Leben ist von schweren Schicksalsschlägen begleitet: Seine Gattin Crescentia Franzen stirbt nach nur drei Jahren Ehe im Jahr 1855, kurz darauf folgen ihr die beiden kleinen Kinder in den Tod. Benet, von Beruf Zimmermann, arbeitet danach am Ausbau des Hotels Eggishorn und wird gelegentlich als Träger oder Führer eingesetzt. Sein Aufstieg beginnt mit Tyndall, der ihn 1858 am Finsteraarhorn schätzen lernt und fortan weiterempfiehlt. Bald entdeckt ihn ein weiterer Wegbereiter des britischen Alpinismus, Francis Fox Tuckett. Mit ihm unternimmt Benet am 18. Juni 1859 die Erstbesteigung des zweithöchsten Gipfels der Berner Alpen, des Aletschhorns (4159 m) – zusammen mit den Führerkollegen Victor Tairraz und Peter Bohren. 1861 folgen mit Tuckett und wechselnden Führern die Überschreitungen des Alphubeljochs, des Alten Weisstor im Monte-Rosa-Massiv, des Col d'Oren beim Mont Collon sowie des Col du Mont Tondu in der Mont-Blanc-Gruppe. Am 18. Juli 1861 entdeckt er, mit Tuckett, Leslie Stephen, Melchior Anderegg und Peter Perren, die heute übliche Normalroute auf den Mont Blanc via Aiguille du Goûter. Mit Stephen Winkworth und Jean-Baptiste Croz folgt 1863 die erste Überschreitung des Zwillingsjochs; im gleichen Jahr scheitern die drei Herren – diesmal mit Mrs. Emma Winkworth – nur knapp am noch unbestiegenen Zinalrothorn.

Benets bevorzugter Gast bleibt indes Tyndall. Die beiden, die sich offensichtlich prächtig verstehen, unternehmen zwei Versuche am Matterhorn (1860 und 1862). Das Gipfelglück bleibt der eingespielten Seilschaft zwar verwehrt, doch erkunden sie dabei einen wichtigen Abschnitt des Liongrats am damals begehrtesten Gipfel der Welt. Ebenfalls mit Tyndall findet er 1861 eine neue Variante am Alten Weisstor. Seinen Ruhm verdankt Benet indes der Erstbesteigung des Weisshorns, deren reibungslose Durchführung weitgehend sein Verdienst ist: Vor ihm waren andere angesehene Bergsteiger – so Leslie Stephen – am gleichen Berg gescheitert. In knapp neun Berufsjahren erwirbt sich Benet einen ausgezeichneten Ruf weit über die Landesgrenzen hinaus. Selbst wenn er nicht ganz die Statur und Anerkennung seiner Zeitgenossen Melchior Anderegg und Christian Almer erreicht: Seine Taten – die Erstbesteigung von zwei bedeutenden Viertausendern, eine neue Route am Mont Blanc, Teilerfolge am Matterhorn und mehrere Erstüberschreitungen – sprechen eine deutliche Sprache, weshalb er zu den wichtigsten Bergführern der Goldenen Zeit des Alpinismus (1855–1865) gezählt wird.

Eine tragische Premiere
Im Hochwinter 1864 willigt er ein, die zwei Kunden Philipp Gosset – ein Gründungsmitglied des SAC – und Louis Boissonnet auf den Haut de Cry (2969 m) im Unterwallis zu führen. Benet, der sich im Fels und Eis gleichermassen wohlfühlt, dem Schnee aber seit je misstraut, quert

am 28. Februar kurz vor dem Gipfel widerwillig eine gut 35 Grad steile, teilweise mit aufgeweichtem Schnee gefüllte Rinne. Zu dieser Zeit ist das Wissen um Winterschnee und Lawinen noch kaum vorhanden: Abgesehen von einzelnen Episoden – Franz Josef Hugi 1832 an der Strahlegg, Charles Hudson 1853 an der Aiguille du Goûter, Thomas Stuart Kennedy 1862 bei einem kühnen Matterhorn-Versuch – ist das Winterbergsteigen noch absolutes Neuland. Plötzlich reisst rund fünf Meter oberhalb der Spur die Schneedecke und schleudert die ganze Gruppe in die Tiefe. Benets letzte Worte: «Wir sind alle verloren!». Gosset und die drei Träger überleben, Boissonnet stirbt im Lawinenkegel. Benets 39-jähriger Körper wird von der Rettungskolonne drei Tage später aus zweieinhalb Metern Tiefe geborgen.
Die Nachricht löst breiten Widerhall aus – schliesslich handelt es sich um den vermutlich ersten tödlichen Lawinenabgang, der sich im Rahmen einer winterlichen Hochtour ereignet. Die «Neue Zürcher Zeitung» widmet dem Unfall zwei Meldungen, das «Alpine Journal» in seiner allerersten Nummer sieben Seiten, Zsigmondys Standardwerk «Die Gefahren der Alpen» analysiert die Umstände ausführlich auf zwei Seiten, Whymper berichtet auf drei Seiten – obwohl das Thema in keinem Zusammenhang mit seinem Matterhornbuch steht –, Charles Gos ist der Vorfall ein ganzes Kapitel wert. Und Edward Rowland Sill (1841–1887), ein amerikanischer Lyriker, lässt sich gar zu einem Gedicht mit dem enigmatischen Titel «Truth at Last» inspirieren: «Does a man ever give up hope, I wonder / Face the grim fact, seeing it clear as day? / When Bennen saw the snow slip, heard its thunder / Low, louder, roaring round him, felt the speed / Grow swifter as the avalanche hurled downward / Did he for just one heart-throb – did he indeed / Know with all certainty, as they swept onward / There was the end, where the crag dropped away? […]». («Gibt ein Mensch je seine Hoffnung auf, frage ich mich / Angesichts einer grauenvollen Tatsache, so klar wie der Tag? / Als Bennen den Schneerutsch sah, dessen Donner

Etwas falsch beschriftet: Grabstein für Johann Joseph Benet auf dem Friedhof von Lax im Oberwallis, errichtet von John Tyndall, Francis Vaugham Hawkins und Francis Fox Tuckett, erneuert von Louisa Hamilton Tyndall. Die Engländer nannten den am 2. November 1824 (und nicht am 11. November 1819!) geborenen Benet immer Bennen.

Steile Schneehänge: Skialpinist auf dem Mont à Cavouère (2612 m), im Spätfrühling. Hinten der mehrgipflige Haut de Cry (2969 m), der Johann Joseph Benet zum Verhängnis wurde, im Hochwinter.

hörte / Leise, lauter, tosend um ihn herum, die Geschwindigkeit spürte / Die rasch zunahm, als die Lawine talwärts raste / Wusste er auch nur einen Herzschlag lang – wusste er wirklich / Mit letzter Gewissheit, als sie weitersausten / Dass dort, wo die Felsen steil abbrachen, sein Ende wartete?»)
Tyndall, Hawkins und Tuckett, seine freundschaftlich verbundenen Hauptkunden, lassen auf dem Friedhof von Ernen ein Grabmal setzen und sammeln zur Begleichung von Benets Familienschulden sowie zur Unterstützung der Hinterbliebenen – die betagte Mutter und drei ledige Schwestern – 3000 Franken. Von dieser Summe erhält die Verlobte, die Garibaldi im Herbst heiraten wollte, eine 20-Francs-Münze – einen Napoléon.

Marco Volken

Weisshorn, Pointe de Vianin ou Pigne de Leiss
Röstigrat statt -graben

Ein sprachkundlicher Ausflug von Daniel Anker

Das Wallis war seine liebste Heimat: Der Berner Schriftsteller Johannes Jegerlehner (1871–1937) siedelte viele seiner Romane und Erzählungen im Rhonekanton an, gab Walliser Sagen heraus, verfasste einen volkskundlich-touristischen Führer über das Val d'Anniviers, der 1997 gar in einem Reprint wieder aufgelegt wurde. 1919 veröffentlichte die Grote'sche Verlagsbuchhandlung in Berlin «Bergluft. Eine Erzählung aus der Schweizer Hochgebirgssommerfrische». Das vom Bergmaler Hans Beat Wieland bebilderte Buch schildert glückliche Sommerferien auf der Riederalp am Ende des Ersten Weltkrieges. Auf Seite 131 lässt Jegerlehner Weisshorn und Matterhorn, «die sich von uralters her nicht ausstehen mochten», aneinandergeraten: «Entblöße du nur dämlich deine Schultern und plustere dich auf», höhnte das Matterhorn. «Ich, der Cervin, la Couronne, il Monte Cervino, bin der König des Eisgebirges, getauft und geheiligt von drei Nationen, die mir huldigen, und trage das Diadem. Meine Bäche fließen zum Po wie zur Rhone, nach Italien und Frankreich, und die Engländer nennen stolz einen ihrer besten Söhne meinen Bezwinger.» «Ich vergönne dir deine Titel- und Weltmannssucht nicht», blitzte das Weißhorn gekränkt zurück. «Laß du nur deinen rechten Fuß im Italienischen drüben und brüste dich mit der Krone auf deinem Mohrenschädel. Wir andern sind und bleiben halt Schweizer und Demokraten bis in die groben Nagelschuhe, ich rede für die Eidgenossen vom Gotthard bis zur Dent du Midi. Es trägt jeder von uns den weißen Bauernzipfel und nur den einen, aber vaterländischen Namen.»

Graben oder Grat? Die Frage stellt sich nur, weil in der Deutschschweiz die Grenze zur Welschschweiz «Röstigraben» genannt wird. Im Französischen heisst er «rideau de rösti», also «Röstivorhang». Meistens verläuft diese innerschweizerische Sprachgrenze über einen Grat, wie die beiden Illustrationen zeigen. Links der Blick über den Gipfel des Zinalrothorns hinweg zum Weisshorn: im Schatten die französischsprachige Schweiz, im Morgenlicht die deutschsprachige. Das Gemälde aus einem Postautoprospekt von 1931 zeigt das sonnendurchflutete Val d'Anniviers: «Vue de Tignausa (St-Luc)», mit dem Weisshorn links, dem Zinalrothorn rechts und den Diablons in der Mitte.

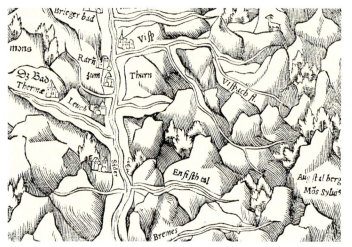

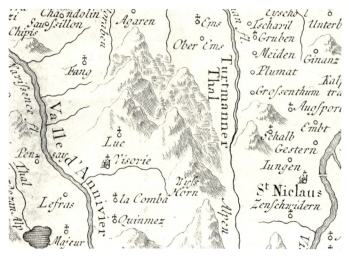

Weisshorn = Pigne de Leiss = Pointe de Vianin

Der Zürcher Melchior Ulrich (1802–1893), unermüdlicher Wanderer und Erforscher der Schweizer Berge, SAC-Mann der ersten Stunde, Fasterstbesteiger der Dufourspitze, verewigt im Ulrichshorn (3925 m) in der Mischabelgruppe, publizierte 1850 die Schrift «Die Seitenthäler des Wallis und der Monterosa». Darin benannte er von der Alp Arpitetta oberhalb von Zinal aus die Gipfel des Mattertals, die nun einen französischen Namen hätten: «Gegen Westen erhebt sich die prachtvolle Pyramide des Steinbockhornes, hier Dent blanche genannt, [...], hierauf folgt das Gabelhorn, hier Moming genannt, dann das Rothorn als le Blanc, [...] und endlich das Weisshorn mit dem Namen Pigne de Leiss. Sogar das Matterhorn, das an einigen Punkten erblickt wird, muss den Namen ändern, und heisst la grande Couronne.» Von dort dürfte der Name aufs Weisshorn «hinaufgeklettert» sein, wie das bei der Namensgebung der Gipfel oft der Fall war. Die Bergbauern wussten ja schon lange, wo sie ihre Kühe weideten, bevor sie dann als Bergführer die Alpinisten auf die Gipfel oberhalb der Weiden zu begleiten begannen.

Weisshorn dort, Pigne de Leiss hier: Dass Berge auf der Sprachgrenze verschiedene Namen erhalten haben und teilweise immer noch haben, leuchtet sofort ein. Das Matterhorn heisst im Valtournenche nicht so, sondern Mont Cervin beziehungsweise Monte Cervino. Und: Vom Tal von Zinal aus gesehen erscheint das Rothorn mehr weiss als rot, vom Mattertal aus mehr rot als weiss. Beim Weisshorn ist es gerade umgekehrt...

Das Weisshorn: Landschreiber Anton Lambien benannte es auf seiner Walliskarte von 1682 erstmals als «Wysgeburg», als

Am richtigen Ort? Das könnte man annehmen, wenn man den Ausschnitt der Karte «Valesia – Walliser Land» von Sebastian Münster von 1550 betrachtet (oben): Oberhalb des Eifischtals stehen drei mächtige Berge, das Weisshorn dürfte dasjenige am Anfang des Turtmanntales sein («Thurn» auf der Karte). Auf der Karte von Gabriel Walser von 1768 findet man ein «Wyss Horn» (unten): Nun steht es westlich des Turtmanntales statt wie richtig am Anfang.

Matterhorn vs. Weisshorn – einmal mehr. Bei Jegerlehner ein bisschen anders, weil die Sprache als Argument in den Streit gebracht wird: das dreisprachige, internationale Matterhorn kontra das einsprachige, eidgenössische Weisshorn. Dabei hatte auch Letzteres zwei Namen, wie Jegerlehner sehr wohl wusste. In seinem Führer zum Val d'Anniviers von 1904 gab er an: «Weisshorn (4512 m), auch Pointe de Vianin genannt.» Es war nicht der einzige welsche Namen für das weisse Horn, das mit einem Fuss im deutschsprachigen Nikolai- oder Mattertal wurzelt und mit dem anderen im französischsprachigen Val d'Anniviers.

«weisses Gebirge»; auf der Walliser Karte von Gabriel Walser von 1768 wurde es zum heutigen «Wyss Horn». Karten im 19. Jahrhundert gaben dem Weisshorn dann allerdings noch drei weitere Namen: «Monte Viso», «L'Arche» und «Schallenhorn». Das zeigt einmal mehr, dass die heutigen Bergnamen nicht in Granit gemeisselt waren und sind, sondern eher in Sandstein.

Noch vor 100 Jahren war das Weisshorn zweisprachig und dreinamig, und das ganz offiziell im sechsten und letzten Band des «Geographischen Lexikons der Schweiz» von 1910: «WEISSHORN (Kt. Wallis, Bz. Siders und Visp). 4512 m. Gipfel hinten über dem Turtmannthal und in der Kette zwischen Eifisch- und Nikolaithal. Wird französisch Pigne de Leiss, im Eifischthal auch Pointe de Vianin genannt, während man es im Deutschen zum Unterschied von andern ‹Weisshörnern› oft auch als Randa-Weisshorn bezeichnet. Bildet eine prachtvolle dreiseitige Eispyramide, die von überall her gesehen einen grossartigen Eindruck macht.» Der Name «Vianin» wurde übrigens auch «Vionin» geschrieben. Und er könnte, so vermutet der grosse Alpinhistoriker W. A. B. Coolidge in der Schrift «Nomenclature historique du Weisshorn», mit der Familie Vianin aus dem Val d'Anniviers in Beziehung stehen; ein Joseph Vianin begleitete 1859 Mathews & Co. bei einem Besteigungsversuch des Weisshorns von der Alp Tracuit aus.

Mont Vully = Wistenlacher Berg, Tothorn = Sex Mort

Ein deutscher und ein französischer Name für das Weisshorn natürlich deshalb, weil es sich auf der Grenze zwischen diesen Sprachen erhebt. Diese innerschweizerische Grenze wird seit Mitte der 1970er-Jahre meistens als «Röstigraben», «rideau de rösti» (Röstivorhang) oder «barrière de rösti» (Röstizaun) bezeichnet, wobei «rösti» auch «roesti» und «röschti» geschrieben wird. Rösti ist eine Kartoffelspezialität ursprünglich aus der Deutschschweiz, die aber heute auch in der

Stimmt das? Die Originallegende aus dem Buch «La Suisse pittoresque» von 1836 zu diesem Stich von William Henry Bartlett lautet so: «MONTE ROSA, AND THE CERVIN. (From the Summit of the Ghemmi).» Gemmi ist richtig, zu sehen sind aber nicht Monte Rosa und Matterhorn, sondern Dom (links) und Weisshorn. Apropos Farbe: Passte nicht rot zum weiss genannten Horn besser? Jedenfalls wenn man es von der Cabane de Tracuit aus betrachtet (folgende Doppelseite).

Der erste oder letzte Gipfel? Der südlichste Gipfel auf dem Röstigrat ist das Matterhorn, der höchste das Weisshorn. Und der nördlichste ist der Hallen (693 m) zwischen den Kantonen Baselland und Jura (oben). Ob Gipfel oder nicht: Auch auf einem Pass – wie hier dem Meidpass (2790 m) auf der Grenze Bas-Valais/Oberwallis – darf die Maman der Tochter gratulieren (unten).

Welschschweiz gebraten und gegessen wird. Seinen Namen hat der Röstigraben vom Tal der Saane/Sarine, die im Kanton Freiburg streckenweise die Sprachgrenze bildet. Ein Graben, un fossé, zwischen den beiden grossen Sprachblöcken hatte sich schon im Ersten Weltkrieg aufgetan; Christophe Büchi spricht in seiner Darstellung «Röstigraben» sogar von einem Schweizer Grabenkrieg.

Geografisch gesehen ist der Sprachengraben allerdings mehr ein Grat als ein Graben. Wer beispielsweise vom Hôtel Weisshorn ob St-Luc im Val d'Anniviers ostwärts am Lac de Combavert vorbei in den Meidpass hinaufwandert, steigt auf der andern Seite am Meidsee vorbei zum Hotel Schwarzhorn in Gruben im Turtmanntal ab und wechselt also genau auf der Passhöhe von der Romandie in die Deutschschweiz. Und so verläuft diese innerschweizerische Sprachgrenze eben des Öfteren über Gebirgskämme und nicht durch Talgräben: über Welschgätterli und Obergrenchenberg/Le Buement im Jura, über Mont Vully / Wistenlacher Berg im Mittelland, über Le Cousimberg/Käsenberg am Lac de la Gruyère, über Vanil de l'Arpille/Maischüpfenspitz in den gleichen Freiburger Alpen, über Oldenhorn/Becca d'Audon und Sanetschhorn/Mont Brun in den Waadtländer Alpen, über Tothorn/Sex Mort in den Berner Alpen, über Pointe de la Forcletta/Hirsihorn in den Walliser Alpen. Von Neumühle/Moulin Neuf an der Grenze zu Frankreich bis zum Matterhorn/Mont Cervin an der Grenze zu Italien. Oder endet der Röstizaun an der Dent d'Hérens westlich vom Monte Cervino? Auf der Landeskarte der Schweiz schon. Doch erstens finden sich im Talkessel von Breuil-Cervinia noch viele französische Flurnamen, und zweitens sind berühmte Passagen am italienischen Grat des Matterhorns, von der Corde de l'éveil bis zur Echelle Jordan, unter dieser Sprache bekannt.

Berg = Haute Aibaitteuse

Le Cervin (oder la Dent d'Hérens) sozusagen als südliche Gabelzinken des Röstigrates. Und wie heisst die nördliche? Am 30. November 2010 machte ich mich mit Freddy Widmer aus Basel auf den frisch verschneiten Weg, um diesen Berg zu suchen. Wir fanden gleich zwei, den nördlichsten und den ersten zweisprachigen. Der Hallen (693 m) ist auf der Rückseite bloss ein bewaldeter Hügel am Dorfrand von Roggenburg im Kanton Baselland. Aber gegen Süden, gegen das Dorf Eders-

wiler im Kanton Jura, bricht er mit Felsen ziemlich eindrücklich ab. Zum höchsten Punkt gibt es gar ein paar ausgesetzte Schritte; ihn zieren ein Kreuz, eine Fahnenstange und ein Metallbolzen. Südlich von Ederswiler erhebt sich eine nächste Jurafalte, 858 Meter hoch; zwei Namen hat sie auf der Landeskarte, «Berg» im Norden und «Haute Aibaitteuse» im Süden. Von ihr stiegen Freddy und ich durch Pulverschnee und Sonne ins Dorf Movelier, auf Deutsch Moderswyler, hinab. Das Schild vor dem Restaurant du Soleil verkündete zweisprachig den sogenannten Wirtesonntag. Im Einkaufsladen nebenan wurde uns aber in der Hinterstube ein Kaffee serviert; ein auf die Wand gemaltes Fenster gibt den Blick frei – aufs Matterhorn.
Voilà! Der Mont Vully/Wistenlacher Berg (653 m) und Le Signal (630 m) ob dem Chäppeliacher südlich von Murten/Morat gehören zu den tiefsten Gipfeln am Röstigraben. Aber welcher ist denn der höchste? Le Weisshorn (4506 m), biensûr! Die deutsch-welsche Sprachgrenze verläuft von der Cabane de Tracuit über die Tête de Milon zum Grand Gendarme im Nordgrat und weiter auf den Weisshorn-Gipfel, hinab ins Schalijoch, übers Schalihorn in den Hohlichtpass und über die Pointe Nord de Moming in den Col de Moming. Dann ist das Weisshorn also der Röstigrabengipfel oder die Pointe du Rideau de Röschti. Und der Grand Gendarme wirkt als Grosser Landjäger, damit die Sprachvölker nicht aneinandergeraten.

Weishorn ou Cervin? Auf dem Panorama von der «Cabane-abri de la Bella-Tola» aus dem «L'Écho des Alpes» von 1866 hat das Weisshorn ein «s» zu wenig, und den Turtmanngletscher sieht man nicht, und schon gar nicht dort (oben). Und welcher Berg ist auf dem berühmten Führer von Edward Whymper für Zermatt und das Matterhorn abgebildet? Le Weisshorn!

Einheimisch am Weisshorn
Die ersten Bergführer
Ein Rückblick von Marco Volken

In Mirjam Britschs Kriminalroman «Endstation Belalp» ist er mit Händen zu fassen: der scharfe Konkurrenzkampf, den sich die englischen Bergsteiger um 1860 im Rennen um die wichtigsten Gipfel liefern. Am Weisshorn schnappt sich 1861 John Tyndall die Lorbeeren; das Nachsehen hat Leslie Stephen mit der Zweitbesteigung, zwei Jahre später. So unterschiedlich Tyndall und Stephen auch sind, eines verbindet die beiden Streithähne: Ohne tüchtige Bergführer wären sie im Wettrennen chancenlos.

Um 1850 gilt der Führerberuf noch als Nischenjob, von dem nur wenige leben können – am ehesten am Mont Blanc und im Berner Oberland. Das ändert sich ab 1860: Die Nachfrage nach geführten Touren nimmt rapide zu, und die besten Führer verschieben die Grenzen des Machbaren innerhalb eines Jahrzehnts weit nach oben. Die Entwicklung in den Talschaften beidseits des Weisshorns zeigt allerdings, dass sich das Führerwesen regional stark unterschiedlich entwickelt. Denn in der Frühzeit des Alpinismus spielen nicht die drei Ortschaften unmittelbar am Fuss des Weisshorns die Hauptrolle, also Randa, Täsch und Zinal. Sondern Zermatt und St. Niklaus.

Zermatt
Bereits im 18. Jahrhundert begleiten ortskundige Walliser auswärtige Marktreisende, Forscher und vereinzelt Touristen über hohe Alpenpässe. Der Übergang von diesen

frühen Gletscherführern zu den Bergführern im heutigen Sinne vollzieht sich stufenweise und lässt sich nur bruchstückhaft rekonstruieren, da viele Namen nicht überliefert sind. Immerhin: Johann Georg Ebels «Anleitung auf die nützlichste und genussvollste Art die Schweiz zu bereisen», Ausgabe 1843, empfiehlt einen Führer namens Joseph Brantschen (1801–?) aus St. Niklaus. Und der deutsche Christian Moritz Engelhardt lässt sich auf seinen Streifzügen rund um Zermatt in den Jahren ab 1840 von diesem Joseph Brantschen und dessen Bruder Johann (1794–1866) leiten. Aus Zermatt etwa sind Peter Damatter (1788–?) und Johann Anton Biner (1790–?) bekannt. Beide Orte entwickeln in der Folge eine starke Bergführertradition. Im Falle von Zermatt erstaunt das kaum: Mit dem Matterhorn, dem Monte Rosa und

Weisshorn, Grosser Gendarme, Bishorn und Brunnethorn im letzten Abendlicht, von der Gemmi aus (linke Seite). Die Sonne erhellt die dem Val d'Anniviers zugewandte Seite, die Nikolai- oder Mattertal-Seite befindet sich längst im Schatten. Die Geschichte der Bergführer verlief umgekehrt: Die Anniviarden standen lange Zeit im Schatten ihrer Kollegen aus dem Nikolaital. Franz Biner aus Zermatt war der erste einheimische Weisshorn-Führer (links).

St. Niklaus, in einer Illustration aus Whympers «Guide à Zermatt et au Cervin ou Matterhorn». Das kleine Bergdorf brachte unzählige erstklassige Bergführer hervor (oben). Schaligrat: eine scharfe Grenze zwischen Nikolaital und Val d'Anniviers (rechte Seite). Dessen Erstbegehung gelang 1895 dem Zaniglaser Ambros Imboden (1845–1937) mit seinem Zermatter Kollegen Joseph Marie Biner und dem Briten Edward Alfred Broome.

weiteren beliebten Viertausendern lockt das Bergbauerndorf ab den späten 1850ern unzählige Bergsteiger, Möchtegerns und Gletschertouristen aus ganz Europa an. Viele Zermatter arbeiten schon früh auch am begehrten Weisshorn, doch aus der Frühzeit sticht ein Name heraus: Franz Biner. Nach seiner Zweitbesteigung des Bergs 1863, als Zweitführer von Leslie Stephen und an der Seite des grossen Melchior Anderegg, holt er sich im selben Jahr noch die Besteigungen Nummer drei und vier – einmal mit Edward North Buxton, einmal mit John Birkbeck jr. – und geht als «Weisshorn-Biner» in die Alpingeschichte ein.

Für Franz Biner (1835–1916) ist das Weisshorn tatsächlich der Lieblingsberg. Doch seine Liebe gilt nicht bloss den Bergen, sondern auch den Alpenblumen, weshalb er seinem Namen treuherzig das Wort «Botaniker» beifügt. Der Blumenfreund aus Zermatt führt unzählige Gäste ebenso aufs Weisshorn wie aufs Matterhorn. Er ist aber auch an bedeutenden Erstbesteigungen beteiligt – Grandes Jorasses (Pointe Whymper), Aiguille Verte, Hohberghorn, Grand Cornier, Monte Cristallo oder Königsspitze – oder am ersten Aufstieg vom Felikjoch auf den Lyskamm. Und zwar, wie Carl Egger in «Pioniere der Alpen» (1946) festhält, «immer gut und treu, immer bescheiden und anspruchslos, bis in sein hohes Alter hinein. Im Jahre 1916 ist er still in seinem Heimatdorf gestorben.» Im «Alpine Journal» 1917 lobt ihn John Percy Farrar als den vermutlich bescheidensten, selbstlosesten und zuversichtlichsten Führer aller Zeiten, der seinen Freunden zudem stets ein liebenswürdiges, fast scheues Grüssen schenkte. Franz Weisshorn Biner war wohl die Herzlichkeit in Person.

Von den Zermatter Führern, die im 19. Jahrhundert am Weisshorn tätig sind, möchten wir zwei weitere erwähnen: Johann Kronig, der 1860 mit Melchior Anderegg und dem Gast Charles Edward Mathews an einem Erstbesteigungsversuch teilnimmt, sowie Joseph Marie Biner, der am 2. September 1895 mit Kollege Ambros Imboden und Edward Alfred Broome den Schaligrat erstmals begeht.

Sankt Niklaus I
Erstaunlicher ist dagegen die Rolle, die Sankt Niklaus in der Geschichte des Führerwesens einnimmt: Von 1860 bis 1930 bringt die zwischen Visp und Zermatt gelegene Gemeinde eine alpenweit rekordverdächtige Anzahl an Weltklasse-Bergführern hervor.

Auf dem Dorfplatz erinnert ein Denkmal an die verstorbenen Zaniglaser (so das Adjektiv zu St. Niklaus), die sich dem Bergführerberuf verschrieben. Bis zum Jahr 2003 – dann hört die Aufzählung auf – waren es genau hundert. Eine separate Tafel erwähnt unter dem Titel «Die Pioniere» fünf weitere Namen. 105 Lebensgeschichten, die mehrere Bücher füllen könnten. Die fünf genannten Pioniere

Alois Pollinger (1844–1910) war einer der Gründungsväter der Zaniglaser Bergführerdynastien (oben). Zu seinen Nachfahren gehörten Sohn Josef Pollinger (1873–1943) und dessen Sohn Adolf (1898–1980), die den britischen Alpenpionier Robert Wylie Lloyd links und rechts flankieren (unten).

werden oft als «die erste Generation» bezeichnet. Es sind dies Peter Knubel (1833–1919), Josef Marie Lochmatter (1833–1882), Josef Imboden (1840–1925), Alois Pollinger (1844–1910) und Peter Sarbach (1844–1930). Sie sind es, die den legendären Ruf von St. Niklaus begründen. Gemessen an den Erstbegehungen sticht Alois Pollinger besonders heraus: zwei grosse Grate an der Dent Blanche (Ferpècle- und Viereselsgrat), die Andersonroute am Schreckhorn, der Nordostgrat am Nesthorn oder der Sprauznagrat am Piz Morteratsch sprechen für sich. Pollinger soll auch das moderne Abseilen am doppelten Seil in der Schweiz eingeführt haben. Peter Knubel und Josef Marie Lochmatter sind hingegen die Ersten, die sich nach der Tragödie von 1865 von Zermatt her aufs Matterhorn wagen. Lange Jahre bleiben sie die gefragtesten Führer am Berg der Berge, wo sie 1868 auch die erste Hütte am Hörnligrat errichten, auf rund 3840 Meter Höhe. Auf Knubels Konto geht unter anderem der Triftjigrat am Breithorn, die erste Überschreitung des Zinalrothorns sowie die Nordwestflanke der Wellenkuppe. Auch Lochmatter gelingen mehrere Neutouren im Alpenraum, bis er 1882 mit seinem Sohn Alexander und dem Gast William Edward Gabbett unter ungeklärten Umständen an der Dent Blanche tödlich abstürzt.

Die Klasse der Zaniglaser Pioniere lässt sich nicht zuletzt daran ablesen, dass sie schon früh im ganzen Alpenraum gefragt sind. Und selbst auf Expeditionen in fernen Gebirgen. 1874 führt Knubel die erste grosse Tour eines Schweizer Bergführers ausserhalb der Alpen, die mit der Erstbesteigung des Elbrus im Kaukasus gipfelt. Auch Josef Imboden geht als Expeditionsführer in die Annalen ein: Als erster Schweizer wird er 1883 für eine Reise in den Himalaja engagiert, wo ihm die Erstbesteigung eines namenlosen Sechstausenders gelingt. 1897, 1898 und 1899 besucht er zudem dreimal die Gebirge im Norden Norwegens und erklimmt mit seiner Kundin Elizabeth Main Dutzende unerforschter Gipfel – wovon einer seither den Namen Imbodentind trägt. Peter Sarbach, der 1897 als erster Führer Kanada besucht, gilt gemäss «The Canadian Rockies» (2005) von Roger Patillo gar als «the first professional guide in the Rockies». Ein Mount Sarbach erinnert dort an den Zaniglaser.

Sankt Niklaus II

Josef Marie Lochmatter hat sechs Söhne; alle werden Bergführer. Alois Pollinger hat ebenfalls sechs Söhne; alle werden Bergführer. Peter Knubel hat vier Söhne; drei werden Bergführer. Sie sind untereinander (und mit den Imbodens) verwandt, verschwägert und befreundet. Einige dieser Sprosse übertreffen bald ihre berühmten Väter und steigen in den Olymp der Alpinismusgeschichte auf – insbesondere Josef Knubel, Josef und Franz Lochmatter sowie Josef Pollinger.

Beginnen wir mit jenem, der zu seiner Zeit als erstklassiger Führer gilt und heute

etwas in Vergessenheit geraten ist: Josef Pollinger (1873–1943). Als 15-Jähriger soll er seinen Vater bei einer Neutour am Piz Roseg begleitet haben. Noch vor Erhalt des Führerpatents besteigt er mehrmals Grépon und Dru; ebenso den Zmuttgrat am Matterhorn im Aufstieg, sogar als Alleinführer, und als Erster im Abstieg (mit Matthias Zurbriggen und Miss Lily Bristow). Bedeutend auch seine Tätigkeit im Ausland: 1896/97 ist er auf Expedition in Südamerika (wo sein Kollege Matthias Zurbriggen den Aconcagua erstbesteigt), 1910 mit Whymper in den kanadischen Rockys und 1903 mit der Baronin Nadine de Meyendorff in den Anden. In den Alpen ist er 1911 an der ersten Winterbegehung des Hörnligrats beteiligt, 1912 am ersten Abstieg vom Mont Blanc über den Brenva-Sporn. Als er 1943 das Zeitliche segnet, widmet ihm das «Alpine Journal» gleich drei Nachrufe. In jenem von R. W. Lloyd lesen wir etwa: «With the death of Josef Pollinger I have lost my greatest friend […] Josef was very popular wherever he went, not only with men but also with the female sex, being a good looking, well built man. I used to tell Madame Pollinger, to her amusement, what a responsibility it was to look after him and that she ought to be with us.» Josef und Marias einziger Sohn, Adolf, wird ebenfalls Bergführer: «Der beste junge Skifahrer und Kletterer im ganzen Wallis», meint später kein Geringerer als Josef Knubel.

Womit wir also bei Josef Knubel (1881–1961) wären. Man darf ihn zweifellos zu den bedeutendsten Bergführern aller Zeiten zählen. Mit 15 Jahren steht er bereits auf dem Matterhorn. Ab 1905 prägt er mehr als ein Vierteljahrhundert lang den extremen Alpinismus. Seine Fähigkeiten sind im Eis ebenso gefragt wie im Fels und auf Ski. Ein paar Beispiele seiner Welt-

Franz Lochmatter (1878–1933, mit Hut) und Josef Knubel (1881–1961) waren nicht nur grosse Freunde, sondern auch zwei der grössten Bergführer der Alpingeschichte. Sie erkundeten die grossen Gipfel der Alpen, hinterliessen aber auch an heimatlichen Bergen ihre Spuren – so am Weisshorn (folgende Doppelseite, mit Schalihorn links und Mettelhorn im Vordergrund).

klasse-Neutouren? Täschhorn-Südwand, Dom-Südwand, Younggrat am Breithorn (alle 1906), Ostwand des Zinalrothorns (1907), direkte Südost- und Nordostwand des Weisshorns (1905 bzw. 1909), Arête du Brouillard am Mont Blanc, Arête des Hirondelles an den Grandes Jorasses im Abstieg, erste gesicherte Besteigung der Pointe Croz ebenfalls an den Grandes Jorasses (alle 1911), erste Überschreitung des Colle dell'Innominata (1912), Südwestgrat des Gspaltenhorns (1914), erste vollständige Nadelgrat-Überschreitung (1916), erste Skibesteigung des Dom (1917), Freney-Südpfeiler am Mont Blanc im Abstieg (1928), Nordostwand des Scheidegg-Wetterhorns (1929), Westwand des Piz Bernina, Nordostwand des Piz Roseg (beide 1930), Lauperroute am Eiger (1932)! Und bis heute gilt seine Erstbegehung am Grépon, wo er 1911 mit Pickelhilfe den schwierigen «Knubelriss» bewältigt, als Meilenstein der Alpingeschichte. Dabei ist Knubel alles andere als ein Haudegen. Die SAC-Zeitschrift erinnert 1961 in einer Würdigung an eine rührende Gewohnheit

«Franz Lochmatter et Hermann Hotz quittant Zermatt le 16 août 1933 pour leur dernière ascension»: so die Legende in der SAC-Zeitschrift von 1934. Einen Tag später stürzten die beiden am Weisshorn ab – am inzwischen als «Lochmatterturm» bekannten Felszacken, wo heute eine Gedenktafel an den grossen Bergführer erinnert (unten).

des Zaniglasers: «Man ging damals viel mit der Laterne. Wenn der Tag kam, nahm er die brennende Kerze aus der Laterne heraus, stellte sie an eine geschützte Stelle und liess sie brennen. Für die armen Seelen, bemerkte er so nebenbei.» Viele Hunderte solcher Kerzlein hat er in Nischen gestellt, und mancher Bergsteiger ist später auf grosser Tour dem Stummel einer Knubel-Kerze begegnet. Josef Knubel – ein kleiner Mann, ein grosser Schritt für den Alpinismus.

Langsam gehen dem Schreibenden die Superlative aus. Doch als mindestens so legendär muss man Josef Marie Lochmatters Söhne Josef (1872–1915) und Franz (1878–1933) bezeichnen. Beeindruckt zeigt sich etwa Carl Egger in «Pioniere der Alpen»: «Die beiden Brüder ergänzten sich auf vollkommene Weise, und ihre Kletterkunst schaltete fast das Wort ‹unmöglich› aus. [...] Franz Lochmatter ist von namhaften Schriftstellern mit Lob überhäuft worden wie noch nie ein Führer: Gos bezeichnete ihn als Aristokraten und einsames Genie, Young in seiner feinen psychologischen Studie als Künstler.» Ein gross

gewachsener, feingliedriger Mann mit Eleganz und feinen Manieren, der nichts mit dem Stereotyp eines stämmigen, kräftigen und etwas klobigen Bergführers gemein hat, dafür über eine sagenhafte Klettertechnik, Geschmeidigkeit und Schnelligkeit verfügt. In seinem ersten Jahr als patentierter Bergführer, 1906, ist er in der Form seines Lebens – und der übrigen Welt um eine Generation voraus. Es ist das Jahr seiner epochalen Touren, die auch heute noch Ehrfurcht einflössen: Im Juni meistert er (nebst vielen weiteren Anstiegen in den Aiguilles de Chamonix) den Ostgrat der Aiguille du Plan, im Juli den Santa-Caterina-Grat am Nordend, im August bei misslichen Wetterbedingungen die Täschhorn-Südwand – lange, ausgesetzte Routen mit Stellen bis zum oberen fünften Grad, die Lochmatter in Nagelschuhen und ohne Einsatz von Felshaken im Vorstieg klettert. Und die erst 21, 31 beziehungsweise 29 Jahre später von anderen Bergsteigern wiederholt werden. Ebenfalls 1906 schafft er den ersten Ritt über den langen Ostgrat der Dent d'Hérens. 1914 folgt die erste freie Begehung des «Knubelriss» am Grépon (V+). Mittlerweile hat sich Franz Lochmatter auch dem Expeditionsbergsteigen zugewendet: Im Zuge seiner zweiten Karriere bereist er zwischen 1912 und 1930 fünfmal die Gebirge Asiens – Himalaja, Karakorum, Hindukusch und Turkestan – auf Expeditionen, die teilweise fast ein Jahr dauern und mehrere Erstbe-

steigungen umfassen. Beim ersten Besuch erreicht er am Kamet die eindrückliche Höhe von rund 7300 Metern. Charles F. Meade: «I cannot imagine a man better fitted to lead in the conquest of virgin Himalaya.» Doch seine Expeditionen sind mehr als blosse Bergsteigertouren: Es sind epische Forschungsreisen. Wie 1925, als er mit seinen Kunden 6700 Kilometer zurücklegt, davon 2000 im Hochgebirge und über damals unbekannte Gletscher. Dabei beweist er grosses Organisationstalent und logistische Führungsqualitäten. Dennoch kehrt er immer wieder zu seinen Bergen zurück, auch zu seinem Weisshorn. Zuletzt am 17. August 1933. Im Abstieg über den Ostgrat verliert er beim untersten Gendarmen – der seither Lochmatterturm heisst – den Halt und stürzt mit seinem Gast Hermann Hotz vierhundert Meter in die Tiefe, auf den Bisgletscher. Die Nachricht verbreitet sich wie ein Lauffeuer durch die Bergsteigerwelt. G. W. Young telegrafiert in die Schweiz: «the greatest of mountaineers and the noblest of friends». Und «Alpinisme», das Magazin der französischen Bergsteiger-Elite, bekennt unumwunden: «Ainsi disparaît tragiquement l'un des plus grands guides qu'on ait jamais connu, celui qui mérite d'occuper, dans l'histoire des Alpes, une place unique.»

Als Bruder einer solchen Legende steht Josef Lochmatter zwangsläufig etwas im Schatten. Doch verdient er weit mehr als eine blosse Randnotiz: Nebst den grossen Touren mit Franz – etwa den drei epochalen von 1906 – umfasst seine Liste durchaus eigenständige Höhepunkte. 1900 reist er mit Josef Pollinger nach Norwegen, um die im Alpenraum noch wenig beherrschte Skitechnik zu perfektionieren. 1902 folgt die erste Winterbesteigung des Weisshorns (mit seinem Bruder Rafael, Alois Pollinger und Lionel F. Ryan, dem Bruder von Valentine), 1911 die erste Winterbegehung

Georges Gruber, Bergführer aus Grächen, klettert am Lochmatterturm voraus. Für viele Bergführer aus dem Nikolaital ist das Weisshorn bis heute ein so anspruchsvoller wie geliebter Arbeitsplatz geblieben.

Zinal in einer Illustration aus dem Jahr 1883. Zu dieser Zeit steht die Siedlung im hintersten Val d'Anniviers – mit dem Besso als spitzem, weissem Wahrzeichen – bergsteigerisch und touristisch abseits, zumindest verglichen mit zwei Gemeinden, die ihr geografisch und alphabetisch nahe liegen: Zermatt und Zaniglas (St. Niklaus). Im Schnittpunkt der drei Ortschaften liegt jener Viertausender, der ebenfalls mit dem letzten Buchstaben beginnt: das Zinalrothorn.

des Hörnligrats am Matterhorn (mit Josef Pollinger und Charles F. Meade). Seine Karriere findet ein unseliges Ende, als er 1914 im Schulhaus von Zermatt, anlässlich der Kriegsmobilmachung, in der Dunkelheit mit dem Kopf gegen einen Metallbalken prallt – und fast ein Jahr später den Spätfolgen des unglücklichen Missgeschicks erliegt.

Zinal I

Wenden wir uns nun der Westseite des Weisshorns zu, dem Val d'Anniviers. Aus vielen Schilderungen, darunter Leslie Stephens «Playground of Europe» (1871), wissen wir, dass Zinal während der Goldenen Zeit des Alpinismus eindeutig abseits der grossen Touristenströme liegt und – im Gegensatz etwa zum Nikolaital und zu Zermatt – nur von wenigen Enthusiasten Besuch erhält. Es fehlt eben ein Matterhorn, ein Monte Rosa, eine Mischabelgruppe; das Zinalrothorn lässt sich auch von Zermatt aus gut erreichen, ebenso die Dent Blanche oder das Ober Gabelhorn. Selbst das Weisshorn wird zu Beginn nur von Osten her bestiegen. Dass wir heute wenig über die Anfänge des einheimischen Alpinismus im Val d'Anniviers wissen, dürfte also daran liegen, dass zu dieser Zeit weniger Bergführer tätig sind als etwa in Zermatt oder St. Niklaus. Und ein Stück weit auch daran, dass nur wenige Engländer dort unterwegs sind. Denn vieles, was wir heute über jene Zeit wissen, verdanken wir den Erlebnisberichten und Bergführer-Nachrufen aus britischer Feder.

Immerhin: 1858 nimmt Jean-Baptiste Epiney, Führer aus Zinal, an der Erstbesteigung des Nadelhorns teil, um mit drei weiteren Wallisern ein trigonometrisches Signal auf dem Gipfel aufzustellen. Ein Jahr später, am 16. August 1859, unternehmen die Gebrüder William und George Spencer Mathews einen Versuch am noch unbestiegenen Weisshorn; dabei engagieren sie nebst den Chamoniarden Jean-Baptiste Croz und Michel Charlet auch Joseph Vianin aus Ayer. Am nächsten Tag glückt den fünf Herren dafür die erste touristische Überschreitung des Col Durand. Keine Woche später lässt sich der St. Galler Bergsteiger Johann Jakob Weilenmann von Jean-Baptiste Epiney auf das Triftjoch führen, einen sagenumwobenen, schwierigen Übergang nach Zermatt. Im Aufstieg gleitet Weilenmann beim Überspringen einer Spalte aus und droht hineinzustürzen; «Epiney, der Wackere, hält aber zum Glück fest und mit starkem Arm, mit eisernem Griff zieht er mich rasch an sich.» 1862 erreichen Joseph Vianin und Jean-Baptiste Epiney als reine Führerseilschaft den noch unbestiegenen Besso – ein wuchtiges, 3668 Meter hohes Wahrzeichen des Val d'Anniviers. Ein Jahr später wiederholt Vianin den Besso mit Weilenmann und beeindruckt diesen durch seine «katzenartige Virtuosität im Klettern».

Joseph Vianin finden wir 1864 wieder, bei der ersten Überschreitung des Col de la Dent Blanche. Am 7. August 1865 klettert er mit Peter Taugwalder und Lord Francis Douglas – die eine Woche später am Matterhorn zu tragischer Berühmtheit gelangen sollten – über die heute klassische Arête du Cœur auf das Obergabelhorn. Für den ganz grossen Ruhm kommen sie aber knapp zu spät: Am Vortag ist der Berg von der anderen Seite erstbestiegen worden. Unter den frühen Bergführern aus dem Val d'Anniviers findet sich auch Basile Pont aus St-Luc, der vom Engländer W. Hulbert 1869 als aufmerksamer, ausdauernder Bergführer gelobt wird. Oder Jean Martin und Elie Peter, die 1870 mit dem Walliser Kantonsförster Antoine de Torrenté – dem ersten Präsidenten der SAC-Sektion Monte Rosa – die Pointe de Zinal erstbesteigen (ohne den obersten Gipfelblock zu erklettern, was Jean Martin ein Jahr später nachholt). Im «Echo des Alpes» 1872 empfiehlt der französische Bergsteiger, Fotograf und Schriftsteller Emile Javelle den Kletterern genau diesen Jean Martin aus Vissoie, «guide de premier ordre, plein de courage, d'intelligence, et d'une charmante société». Elie Peter wiederum ist 1873 bei der ersten Begehung des Nordwestgrats am Grand Cornier von der Partie.

Zinal II

Die anniviardischen Bergführer bleiben dennoch lange im Schatten ihrer Berufskollegen im Nikolaital. Erst um die Jahrhundertwende finden sie eine grössere Beachtung – mit den Gebrüdern Louis und Benoît Theytaz sowie Félix Abbet. Louis Theytaz (1867–1911) erhält das Bergführerpatent 1892. Fünf Jahre später führt er G. W. Young in drei Studen und wenigen Minuten über den ihm unbekannten Hörnligrat aufs Matterhorn, um am nächsten Tag via Wellenkuppe und Obergabelhorn, den Grossen Gendarme erstmals überkletternd, nach Zinal zurückzukehren. 1898 folgt – mit Bruder Benoît und Félix Abbet – der noch unwiederholte Viereselsgrat an der Dent Blanche, dessen Drittbegehung die drei im folgenden Jahr mit Young unter-

«Passage de la rimaie du Col Durand le 23 Juillet 1872» unter Führung der Anniviarden Elie Monney, Victor Rouvinet und Basile Pont. Dieser – trotz schwierigem Bergschrund – einfachste Pass von Zinal nach Zermatt (und tiefste Punkt zwischen Dent Blanche und Obergabelhorn) soll seit alters her von Marktfahrern begangen worden sein, auch im Alleingang. An der ersten gesicherten Überschreitung im Jahr 1858 war Joseph Vianin aus Ayer beteiligt.

Louis Theytaz (1867–1911) war eine herausragende Figur unter den anniviardischen Bergführern seiner Generation – bezüglich des technischen Könnens ebenso wie hinsichtlich seines unternehmerischen Geistes. Anlässlich des kantonalen Bergführerfests 1972 in Zinal wurde ihm eine Gedenkmedaille gewidmet.

nehmen. Ebenfalls 1899 glückt ihm die erste Besteigung des Grossen Gendarme am Weisshorn (mit seinem Landsmann Benjamin Rouvinez und A. G. Cooke). Berühmt wird er aber an seinem Hausberg: Am 7. September 1900 finden Louis, Benoît und G.W. Young einen Weg über die Westrippe des Weisshorns, die als Younggrat in die Geschichte eingeht. Gleichentags steigen die drei über den Nordgrat – ebenfalls eine Premiere – nach Zinal zurück. Stets bemüht, das Bergführerwesen in seinem Tal zu fördern, erkennt er die einmalige Chance, mit diesem neuen Anstieg am Weisshorn etwas mehr Gäste ins Val d'Anniviers zu locken. Da die Route aber für durchschnittliche Alpinisten eher zu schwierig ist, hat er eine kühne Idee: die Rippe mit Fixseilen abzusichern. Das Vorhaben wird im Juli 1902 durch Louis Theytaz und zehn Führerkollegen – darunter Benoît, Félix Abbet und Benjamin Rouvinez – umgesetzt. Rund 50 Eisenstifte werden in den Fels gemeisselt, jeder 35 Zentimeter lang, die Bohrlöcher mit flüssigem Schwefel abgedichtet und gut 800 Meter Taue verlegt, an einer überhängenden Stelle gar eine Hängeleiter. Von den Materialkosten, die sich auf 1500 Franken belaufen, übernimmt der Walliser Staat einen Drittel. Noch im gleichen Monat steigt die erste Partie – Rouvinez und Abbet, mit Alfred Guy – über die Fixseilanlage. Doch der grosse Erfolg wird ausbleiben, der Younggrat bald in Vergessenheit geraten.

Zurück zu Louis Theytaz. Ihn lässt auch die Wintersaison nicht kalt – weder auf Ski noch zu Fuss. Im Januar 1911 wird er von François Frédéric Roget und Marcel Kurz zusammen mit Maurice und Jules Crettez sowie Léonce Murisier engagiert, um die Haute Route von Bourg-St-Pierre nach Zermatt erstmals über den Col du Sonadon zu wagen. Was auch gelingt. Und noch mehr: Am 13. statten sie von der Cabane Bertol aus der Dent Blanche einen Besuch ab – die erste Winterbesteigung, die sie in grösster Lockerheit schaffen. Roget: «Maurice Crettex and Louis Theytaz were fully acquainted with every peculiarity of the Dent Blanche, and treated her with as much familiarity as though they had been babes sitting on the lap of their own grandmother.» Gut zwei Wochen später ist Louis wieder in der Gegend. Am 31. Januar steht er mit anderen Führern und Gästen auf der Pigne d'Arolla. Bei der Abfahrt, kurz vor dem Glacier de Cheilon, gleiten sein Bruder Benoît und der Gast A.V. Fitz-Herbert über eine scheinbar solide Schneebrücke hinweg. Doch beim dritten Mann bricht der Schnee ein: Louis Theytaz fällt in die Spalte, das gefrorene Partieseil reisst, die Sturzhöhe beträgt rund 50 Meter. Seine vorletzten Worte sind «sortez-moi d'ici»; seine letzten, als sie ihm an einem zu kurzen Seil einen Pickel reichen wollen, «je ne peux pas, je ne peux pas». Die Rettungsversuche scheitern an der grossen Spaltentiefe, die alarmierte Rettungskolonne wird ihn erst am nächsten Tag bergen. In einem Nekrolog im «Echo des Alpes» 1911 hegt Alfred Basset keine Zweifel: «Louis Theytaz,

en dehors de moyens physiques exceptionnels et d'une connaissance approfondie de la montagne, possédait les qualités de tête – la décision et l'autorité – qui font un grand guide.» Zurück bleiben seine Frau und fünf kleine Kinder. Sowie die Brüder Basile und Benoît, ebenfalls Bergführer. Benoît, wie Louis ein Vorreiter des Winterbergsteigens, setzt die Geschichte fort. Etwas jünger als sein berühmter Bruder, übt er den Führerberuf noch lange aus – von seinem Einstand als Träger (1895) bis zu den letzten Gipfeltouren (1946) satte 52 Jahre lang. Von Félix Abbet, einem «hünenhaften und äusserst vertrauenerweckenden» Führer (Gustav Kuhfahl 1904), wissen wir dagegen vor allem eins: dass er die von Louis Theytaz eröffnete Perspektive – den Younggrat am Weisshorn – als einer der Ersten erkennt und schon früh zahlreiche Gäste über die attraktive Route auf den höchsten Berg seines Tals führt.

Die Zeit nimmt ihren Lauf, jüngere Führer folgen den Fussstapfen ihrer Vorgänger. Wie Théophile Theytaz (1895–1936), Neffe von Louis, Basile und Benoît: Sein Gesellenstück ist wohl die erste Durchsteigung der Nordostwand der Dent Blanche, 1928, mit Maud Cairney und Hilaire Theytaz am Seil. Zwei Jahre zuvor sind zwei seiner Kollegen am gleichen Berg erfolgreich: Jean Genoud und Marcel Savioz, die mit dem Gast W. Kropf erstmals über den schwierigen Nordgrat absteigen. Weisshorn und Dent Blanche: Die beiden höchsten und mächtigsten Gipfel des Val d'Anniviers haben die anniviardischen Bergführer seit je zu grossen Leistungen inspiriert, auf allen Routen, im Auf- und Abstieg, im Sommer und Winter, in Seilschaft und im Alleingang. Die Faszination der zwei weissen Berge ist bis heute ungebrochen. Und das wird wohl auch in Zukunft so sein.

Die Westflanke des Weisshorns. Links des Gipfels erhebt sich spitz der Grosse Gendarme, Endpunkt des Younggrats – den die anniviardischen Bergführer 1902 mit Seilen und einer Leiter absicherten. 1923 riss eine Lawine die Leiter weg, und auch die Seile sind trotz mehrmaliger Erneuerung (namentlich 1919 und 1942) verschwunden. Geblieben sind die massiven Verankerungen, die bis heute als Sicherungspunkte dienen.

Unterkünfte am und vom Weisshorn
Hütten, Hotels und eine Biwakschachtel
Eine Rundwanderung von Daniel Anker

Ein Dach über dem Kopf: Mehr braucht es nicht, wenn man übernachten will – und wenn kalte Nebelschwaden wallen. Zum Beispiel zwischen der Cabane d'Arpitetta und der Westwand des Weisshorns, mit dem auffälligen Felsturm, einst als P. 3647 m vermessen (linke Seite). Die erste, 1876 erstellte Hütte am Weisshorn war wirklich nicht viel mehr als ein Dach über dem Kopf; der Schweizer Ingenieur-Topograf Xaver Imfeld zeichnete 1879 das ziegenstallähnliche Gebäude, das Weisshorn und wohl sich selbst; rechts nahm er auch den Messtisch mit ins Bild.

In acht Tagen rund um das Weisshorn wandern, von Zinal im Val d'Anniviers bis Randa im Tal von Zermatt, von Hütte zu Hotel, von Hotel zu Hütte, fast immer auf guten Wegen, manchmal auch in etwas brüchigem Gelände, aber nie auf Gletscher. Pickel und Seil müssen also nicht in den Rucksack – es sei denn, man wolle das Weisshorn ganz umrunden, gar im Schalijochbiwak übernachten. Das wäre eine schwierige und gefährliche Hochtour, das Raclette und den Heidawein müsste man erst noch selbst hochtragen... Schnüren wir also die Trekkingschuhe, schultern wir den leichten Rucksack. Weisshorn, on arrive!

Idylle unter Riesenwand: Cabane d'Arpitetta
Allzu weit wäre es nicht mehr zur Hütte, eine gute halbe Stunde noch. Vor drei Stunden sind wir in Zinal aus dem Postauto gestiegen, haben uns an den Ketten des Pas du Chasseur hinaufgehangelt, beim Lac d'Arpitetta die Füsse gekühlt und sind dann in den von Weisshorn und Zinalrothorn beherrschten Talkessel von Moming eingebogen. Eine wilde Gras-Gneis-Gletscher-Wasser-Welt, in der wir übernachten werden. Wie schon viele Alpentouristen vor uns, auch als es die Cabane d'Arpitetta (2786 m) noch nicht gab. Als man noch unter einem vorspringenden Felsen liegen musste, oder in einer Alphütte. Wie im September 1900 der Engländer Geoffrey Winthrop Young, als er sich anschickte, mit den einheimischen Bergführern Benoît und Louis Theytaz erstmals die Rippe des Grossen Gendarme in der Westwand zu erklettern. Auf der Alp Arpitetta wurde auf besseres Wetter gewartet: «Die schlimmen Nächte brachten

Lageplan: Ausschnitt aus mehreren, zwischen 1878 und 1892 erstellten Blättern der Siegfriedkarte im Massstab 1:50 000. Die Gletscher sind noch viel mächtiger, und am Weisshorn gibt es nur eine Hütte: die «Clubhütte» auf 2859 m – ungefähr dort, wo die heutige Weisshornhütte liegt.

wir im Halbschlaf auf dem Lehmboden zu, dauernd bemüht, uns aus der Reichweite des durch das Dach spritzenden Regens zu retten, und indem wir die Liebesgabe schwarzen Brotes kauten, das mit Klumpen zähen, im rauchigen Holzfeuer geschmolzenen Käses belegt war.» Vor dem Aufstieg über die dann als «Younggrat» bekannt gewordene Route übernachteten die drei Alpinisten in einer ähnlich komfortablen Steinhütte, wo der Gletscherwind durch die Wände drang und die Sterne durchs Dach schienen. Vielleicht beschrieb Young die Alphütte von Les Leisses, zu der wir vom Hüttenweg ein paar Minuten aufge-

stiegen sind: ein viereckiges, zerfallenes Gebäude, das kaum den Schafen noch Unterschlupf bietet. In 100 Jahren wird wohl nur noch ein Steinhaufen an den hoch gelegenen Stall der Hirten von Zinal erinnern.

Stein auf Stein, gemauert mit dem Material vor Ort: die Cabane d'Arpitetta, auch Arpitettaz und Ar Pitetta geschrieben. Was so viel wie kleine Alp heisst. Gehütet werden hier aber nur die Bergtouristen, seit 1954. Die Mitglieder der Société des Guides du Val d'Anniviers erbauten die Hütte; 1980 ging sie in den Besitz der Sektion La Dôle des Schweizer Alpen-

Clubs, welche die Cabane umbaute und auf 32 Plätze vergrösserte. Arpitettahütte: Sie schaut so aus, wie man sich eine SAC-Hütte vorstellt, genau so. Trutzig, wohnlich. Aussen Stein, innen Holz. Erbaut auf einem Geländerücken unterhalb des Glacier du Weisshorn, welcher den ganzen Fuss des Weisshorns verschönert. An der Grenze zwischen Gras und Fels, noch grün, schon hochgebirgig, aber nicht trostlos geröllig. Enziane noch, und Hasen, die in der Nacht Essensreste stibitzen kommen. Wir sitzen draussen auf der Terrasse, bis Kälte und Nachtschatten uns vertreiben. Blick auf die Couronne impériale, auf die kaiserliche Krone, wie der Talschluss des Val de Zinal mit seinen vier Viertausendern genannt wird. Am Weisshorn oben verglüht der letzte Sonnenstrahl.

Gehobener Komfort: Die urgemütliche Cabane d'Arpitetta, wie sie sich nach dem Umbau Anfang der 1980er-Jahre präsentiert; hinten der ungestüme Glacier de Moming (oben). Die Hütte von Les Leisses diente den ersten Alpinisten als einfache Unterkunft; nun wird sie ab und zu von Schafen aufgesucht (unten).

Historic Lodge: Die 1929 eingeweihte Cabane de Tracuit (oben) hiess ursprünglich auch Refuge Baumgartner. Sie erwies sich schon bald als zu klein und wurde mehrmals erweitert zum heutigen Bau (rechte Seite oben); abendlicher Blick auf Bishorn, Weisshorn (mit dem gezackten Nordgrat) und Tête de Milon. Ab 2012/13 soll eine ganz neue Hütte all die Alpinisten und Wanderer beherbergen, die von Zinal, von der Cabane d'Arpitetta über den Col de Milon oder von der Turtmannhütte heraufkommen (rechte Seite unten); links das Weisshorn mit dem Schaligrat, rechts das spitzige Zinalrothorn.

Tummelplatz für den Trabanten: Cabane de Tracuit

Den ersten Wanderern begegnen wir auf der abschüssigen Nordseite des Col de Milon, wo zum Glück Fixseile über die heikelsten Stellen helfen. Die Randonneurs haben in der Cabane de Tracuit (3256 m) beim gleichnamigen Pass übernachtet und sind nun auf dem dreistündigen Weg in die Cabane d'Arpitetta. 90 Leute hätten in der Hütte übernachtet, sagen sie; in der Nacht zuvor seien gar fast alle der 120 Schlafplätze belegt gewesen. Wir können sie hinsichtlich der Arpitettahütte beruhigen.

«Un modeste abri, avec 10-15 places, suffirait parfaitement»: Das glaubte E. Thomas von der SAC-Sektion Genf, als er 1924 im «L'Écho des Alpes», der Zeitschrift der welschen Sektionen, den Bau einer Hütte im Col de Tracuit propagierte. Unter anderem wegen des Bishorns, «un haut sommet accessible aux grimpeurs de force moyenne». Wie wahr! Für die Aspiranten auf den Weisshorn-Nordgrat, den sie über das Bishorn hinweg erreichen, würde eine bescheidene Schutzhütte mit 10 bis 15 Plätzen wohl noch immer reichen. Aber das Bishorn (4153 m), einer der beliebtesten und am meisten bestiegenen Viertausender der Alpen: Da braucht es eine grössere Hütte. Zuerst aber musste sie noch errichtet werden.

Von Thomas' Aufruf bis zum Einweihungsfest, an dem er teilnahm, dauerte es fünf Jahre. Möglich wurde der Bau auch nur durch Joseph Baumgartner von der SAC-Sektion Les Diablerets, der am meisten Geld spendete – die SAC-Sektion Chaussy hätte den Bau nicht alleine finanzieren können. Und so hiess die Cabane de Tracuit ursprünglich denn auch Refuge Baumgartner, wie die Monte-Rosa-Hütte früher Bétempshütte, die Dent-Blanche-Hütte Cabane Rossier. 24 Schlafplätze wies die erste Tracuit-Hütte auf, schon bald viel zu wenig. Doppelt waren sie oft belegt. 1938 wurde die «Bettenzahl» mehr als verdoppelt. Was auch nicht genügte. 1968 wies die Hütte neu 70 Plätze auf – wiederum zu wenig. 1973 und 1974 übernachtete ich je einmal, in der Erinnerung schwingt so etwas wie Sardinenbüchse mit. 1981 wurde sie ein drittes Mal vergrössert, auf die heutige Kapazität. Und jetzt? Wird eine neue Hütte gebaut, ab 2012. Nicht mehr Plätze, aber besser, geräumiger, moderner, aussichtsreicher.

Apropos Aussicht: Noch selten habe ich eine Hütte mit einer so umfassenden Aussicht besucht. Blick auf all die Gipfel links und rechts des Rhonetals. Der letzte Sonnenstrahl am Mont Blanc. Der italienische Gipfel des Matterhorns gleich rechts am Arbengrat: Man sieht ihn nur am Morgen, wenn er beleuchtet wird, die Westseite des Obergabelhorns aber noch nicht. Der Nordgrat des Weisshorns, unnahbar und elegant. 1973 wollte ich ihn mit einem erfahrenen Gefährten begehen. «Aber um 0100 regnete es», lese ich in meinem Tourenbuch. Um fünf Uhr war das Wetter besser. Und wir zu spät. Diesmal essen wir an der Morgensonne das Frühstück. Um 8 beginnen wir mit einer der langen Etappen der Tour du Weisshorn: rund sechs Stunden bis ins Hotel Weisshorn.

durch das Val de Zinal kann man sich schon anschleichen, mehr noch auf dem vielgemachten Weg von der Seilbahnstation Tignousa. Dann steht das Hôtel des Anglais unvermittelt vor einem, und man nimmt wie der Comic-Held Lefranc den Rucksack von den Schultern und die Jumelles, den Feldstecher, hervor. Die Szene hängt als Bild gerahmt in einem der drei altehrwürdigen Zimmergänge des Hotels, das Buch selbst wartet zerlesen im Salon auf neue Gäste.

Hotel Weisshorn: wahrscheinlich das bekannteste Hotel mit diesem Namen. Obschon man von hier diesen Gipfel nicht sieht. Auf alten Hotelprospekten hat man ihn so hingesetzt, als ob er sichtbar wäre. Aber das machte man immer so. Dabei ist doch der Blick von der Speiseveranda talwärts das wirkliche Spektakel, hinab ins Rhonetal, durchs ganze Val d'Anniviers bis nach Siders und zu den Rebbergen. Der Wein von dort wiederum funkelt im Glas vor einem. 1882 ist das Hotel Weisshorn eingeweiht worden; 1889 brannte es ab, 1891 wurde es in seiner heutigen Form erneut eröffnet, später verlotterte es, wurde fast abgerissen, von Souvenirjägern geplündert. Und ist nun wieder offen und gut besucht. So restauriert, ohne das Historische zu übertünchen; ein romantischer Zeuge von der vorletzten Jahrhundertwende. Die Böden knarren, die Wände sind dünn, doch der Inhalt der Betten ist neu, die Toilettenanlagen sind es ebenfalls. Und das Essen – délicieux!

Ob Hotel Weisshorn oder Hôtel du Weisshorn, spielt keine Rolle. Nach dem petit déjeuner wandern wir in viereinhalb Stunden über den Röstigraben beziehungsweise Röstigrat, die deutsch-französische Sprachgrenze, hinüber ins Turtmanntal, ins Hotel Schwarzhorn, das früher Weisshorn hiess.

Ein trautes Heim: Nicht das älteste Hotel Weisshorn, aber wahrscheinlich das berühmteste ist dasjenige oberhalb St-Luc im Val d'Anniviers (oben). Einst nannte man es auch Hôtel des Anglais – Engländer sind heute noch willkommen (unten).

Herber Charme am Hang: Hotel Weisshorn, St-Luc

«L'hôtel des Anglais!... Je n'imaginais pas être si prés et de le découvrir de cette façon... Mes jumelles.» Schlüsselszene aus dem Bilderroman «Le repaire du Loup» von Jacques Martin (Text) und Bob de Moor (Zeichnung) aus dem Jahre 1974. Die Wolfshöhle – damit ist das Hotel Weisshorn (2337 m) ob St-Luc gemeint, dieser helle, rechteckige Bau an der Hangkante oberhalb des Waldes, unübersehbar. Aber auf dem unbekannten Höhenweg

Etappenort für Weitwanderer: Hotel Schwarzhorn, Gruben

Weiss oder schwarz? Die Experten sind sich uneins. Sicher ist: Im August 1859 gab es noch kein Hotel im Turtmanntal, nur eine kleine Wirtschaft in Gruben, in der aber nicht einmal Milch zu haben war, wie Johann Jakob Weilenmann, Alleingänger und Promotor des Schweizer Alpen-Clubs, in seinen drei Jahre später verfassten «Streifereien in den Walliser-Alpen» bemängelte. 1872 fanden diese Tourenschilderungen Eingang in den ersten Band seiner gesammelten Schriften «Aus der Firnenwelt», und dort ist in einer Fussnote vermerkt: «Jetzt hat Gruben auch sein Hôtel – du Weisshorn.» Anders Leo Meyer in einer kulturgeschichtlichen Studie über das Turtmanntal, abgedruckt im SAC-Jahrbuch von 1923: Dort heisst das erste Gasthaus im Tal Schwarzhorn; die Wirtin Johanna Loretan von Leukerbad habe zur Not ein Dutzend Fremde unterbringen können. 1898 sei das alte Hotel von den Gebrüdern Jäger gekauft, dann vergrössert worden und habe 1914 das Telefon erhalten. Die französische Ausgabe des Baedekers für die Schweiz, in der 16. Ausgabe von 1887, erwähnt das «hôt. du Weisshorn» und rühmt eine halbe Seite weiter hinten die Aussicht vom Schwarzhorn. Der Botaniker Reginald A. Malby wiederum lobt in seinem 1913 erschienenen Werk «With camera and rücksack in the Oberland and Valais» das Hotel Schwarzhorn: «Is situated in a most delightful spot, and is a roomy, comfortable building.»

Eigentlich ist es ja wurscht, wie die Unterkunft hinten im Turtmanntal hiess und heute heisst – Hauptsache, es gibt diese zum Benützen und jene zum Beissen. Der 12-jährigen Andrea Feller gefiel es viel besser im Hotel Schwarzhorn im Turtmanntal als im Hotel Weisshorn ob St-Luc – und die Rösti ass sie mit Heisshunger. Wir tafelten übrigens teilweise mit den gleichen Gästen. Denn beide Unterkünfte liegen an zwei sehr beliebten Trekkings: an der Haute Route für Wanderer von Chamonix nach Zermatt und an der Tour Matterhorn. Dazu gesellt sich

Das erste Haus am Platz: «Hôtel du Weisshorn, à Gruben, et le Meidenhorn» – Zeichnung von P. Privat aus dem «L'Écho des Alpes» von 1868 (links). Heute heisst das Hotel hinten im Turtmanntal «Schwarzhorn»; ein wichtiger Etappenort auf den drei Trekkingtouren Chamonix-Zermatt, Matterhorn und Weisshorn (rechts).

900 Höhenmeter über dem Abgrund: Alprestaurant Junger Stübli

Im Juli 1963 bin ich zum ersten Mal unten durchgefahren, auf dem Weg nach Zermatt, wo wir en famille Bergferien im Chalet «Bergrast» machten. Meine ersten Dreitausender (Oberrothorn und Mettelhorn) zusammen mit dem Vater, mein erster Viertausender (das Breithorn) – da war auch die Mutter dabei. Wir erkundeten den ganzen Talkessel von Zermatt, aber durchs Tal, das nach Zermatt führt, fuhren wir immer nur durch. Das war später nicht anders: einfach ein tief eingeschnittenes Tal von Stalden bis zur letzten Kurve vor Zermatt – und dann endlich am Ziel, das Matterhorn im Taleinschnitt. Natürlich wusste ich um das Weisshorn, habe es vom Mettelhorn am 18. Juli 1964 bestimmt gesehen. Dass in diesem tiefen Tal noch Dörfer an den Hängen oben kleben, das habe ich später auch bemerkt: Törbel ob Stalden, Embd ob Kalpetran. Aber Jungu ob St. Niklaus – unbekannt. Bis ich mich mit dem Weisshorn ernsthaft zu befassen begann.

Am 27. Juli 2010 kam ich mit meiner Frau Eva und unserer jüngeren Tochter Andrea,

Lohnende Ausflüge: Zwei Touristen posieren an einem «cold day on the Turtmann Glacier» neben einem Gletscherspalt; Foto aus dem Buch «With camera and rücksack in the Oberland and Valais» (1913) von Reginald A. Malby (oben). Ein Büsi entdeckt seine Raubtierinstinkte im Jungtal oberhalb Jungu auf 2387 Metern 31. Juli 2010 (unten).

jetzt noch die Weisshorn-Runde. Falls in Gruben also mal kein Bett mehr frei und auch keine Milch erhältlich wäre, könnte man ja immer noch in die drei Stunden entfernte, näher beim Weisshorn liegende Turtmannhütte (2519 m) der SAC-Sektion Prévôtoise ausweichen; sie wurde 1928 eingeweiht und 2000 um einen modernen Anbau ergänzt. Von ihr kann über das Schöllijoch (3343 m) direkt die Topalihütte angepeilt werden, doch so verpasst man den Weiler Jungu und den ersten Abschnitt des Weisshornweges.

in fünfeinhalb Stunden vom Hotel Schwarzhorn im Turtmanntal über den Augstbordpass herkommend, endlich nach Jungu (1955 m). Was für ein wunderschöner Flecken! Grüne Idylle hart am Rand; die meisten Holzhäuser dicht beieinander, wie um sich Halt zu geben; eine weisse Kapelle, steinplattenbedeckt; eine kleine Seilbahn, die nach St. Niklaus hinabgleitet. Der Blick durchs ganze Nikolaital hinauf bis zum Breithorn und Kleinen Matterhorn. Linkerhand die Mischabel mit dem Dom, dem höchsten ganz in der Schweiz liegenden Berg. Und rechterhand, entrückt hinter jähen Graten und hinter Brunegg- und Bishorn mit ihren Eiswänden thronend – das Weisshorn. Darauf stossen wir an! Im Alprestaurant Junger Stübli. Übernachten kann man auch, die 10 Plätze sind aber schnell reserviert. Am nächsten Tag wandern wir auf der ersten Etappe des Weisshornweges durchs freundliche Jungtal hinauf in die furchtbar geröllige Wasulicke (3114 m) und steigen über Gneisblöcke, Moränenrücken und Grasbüschel hinab zur Topalihütte. Sechs Stunden veranschlagt dafür der 2010 erschienene SAC-Führer «Matterhorn, Dent Blanche, Weisshorn».

Di schönschtusch Hitta:
Topalihütte

Vor mir liegt das grossformatige Album «Die Clubhütten des Schweizer Alpen-Club im Jahre 1927». Nummer 18 der 106 vorgestellten Hütten ist die Topalihütte – heute gehören 153 Hütten dem SAC; daneben gibt es noch viele sektionseigene Hütten. Die Cabane Topali ist so beschrieben: «Eigentum der Sektion Genf. – 1926 erbaut dank der Hochherzigkeit des Herrn Topali, in Erinnerung seines am Grenzgletscher verunglückten Sohnes. – 20 Plätze. – Von St. Niklaus aus in 4½ Stunden erreichbar. Nicht zugänglich im Winter.» Die zweite Auflage des zweiten Bandes des Clubführers für die Walliser Alpen von 1930 liefert weitere Angaben: «Ausser dem Brunegghorn (Haupttour), dem Bieshorn und dem Nordgrat des Weisshorns (sehr lange Exkursion) ist diese Clubhütte das Zentrum kleiner Ausflüge in einer noch wenig bekannten, namentlich im Juni und Herbst sehr reizvollen Gegend. Alleingänger können hier eine ganze Menge verschiedener Gipfel besteigen, ohne gefährliche Gletscher überschreiten zu müssen.» Die Platzzahl ist mit 22 angegeben, die Bauart

Autofrei: Die Siedlung Jungu auf knapp 2000 m erreicht man zu Fuss oder mit der Seilbahn von St. Niklaus (unten). Hier beginnt der zweitägige Anmarsch zur Weisshornhütte, um die weisse Spitze des Brunegghorns herum und noch viel weiter (oben).

Zur schönen Aussicht: Die Topalihütte liegt am Weisshornweg (rechte Seite unten) von St. Niklaus über Jungu nach Randa. Die erste Hütte von 1926 sah aus wie eine klassische SAC-Hütte mit Mauerwerk und Fensterläden (oben), die neue von 2003 leuchtet mit den Panoramafenstern des Aufenthaltsraumes (rechte Seite); Angelpunkt des Panoramas ist der immer noch schön vergletscherte Dom. Von der Topalihütte erblickt man das Weisshorn auch. Viel mächtiger zeigt es sich aber vom Hotel Weisshorn in Törbel, dem Sonnendorf ob Stalden; mit dem Brunegghorn links und rechts der Pointe Burnaby (4135 m), dem Ostgipfel des Bishorns (folgende Doppelseite).

der Hütte so: «Steinmauern mit Holzverkleidung im Innern.» Ein Kleinod einer Hütte, 72 Jahre lang. Am 31. Oktober 1998 brannte sie aus, als Brandursache wird «Fahrlässigkeit eines Gastes im Schlaflager» vermutet.

Fünf Jahre später steht die Topalihütte wieder. Nun als moderner, metallverkleideter Kubus, der über dem Nikolaital zu schweben scheint. Holzverkleidung im Innern. 44 Plätze, im Winterraum 6. Der Aufenthaltsraum mit grossen, bis an den Boden reichenden Fenstern, durch die die Morgensonne voll hineinflutet. Am Abend haben wir hier den Sonnenuntergang an Aletschhorn, Galenstock, Dom und Monte Rosa mit vorzüglichem Essen und Wein genossen. Es gibt alpine Unterkünfte, in denen man schlechter aufgehoben ist. Auf www.topalihitta.ch.vu lese ich in allerdings mischmaschigem Schwyzerdütsch: «Vili liäbi Griäss üs Zermatt uf schönschtusch Hitta ufär ganz Wält.»

Monsieur Topali wäre berührt gewesen. Die Metalltafel mit dem Porträt seines jung verstorbenen Sohnes Constantin ist zusammen mit dem alten Hüttenschild an eine dreieckige Felsplatte draussen auf der Terrasse fixiert. Ihre Form erinnert an diejenige des Weisshorns, dessen oberster Teil der Nordostwand sich von der Cabane Topali bewundern lässt. Zur Weisshornhütte marschieren wir heute in siebeneinhalb Stunden.

Zuerst auf dem zweiten Abschnitt des Weisshornweges: Was für ein dramatischer, anspruchsvoller, ausgesetzter, auf- und absteigender Höhenweg! Auf dem Längenflueberg beginnt der Abstieg nach Randa. Auf 1730 Metern stoppen wir, queren die Bisbäche – hoffend, dass nicht grad jetzt der Bisgletscher abbricht – und nehmen den Weg zur Weisshornhütte unter die müden Füsse.

Vom Loch zum Juwel: Weisshornhütte

Die drei Erstbesteiger des Weisshorns hätten die Nacht vom 18. auf den 19. August 1861 in einer hoch gelegenen Alphütte oberhalb Randa verbringen können, doch sie zogen es vor, zwei Stunden weiter oben zu biwakieren, unter «einem Felsstück, das an der Seite des Berges vorsprang und ein überhängendes Dach bildete». Johann Joseph räumte die Steine weg, lockerte mit dem Pickel den Lehmboden auf, damit der Herr Tyndall bequemer gebettet lag.

So übernachteten die Pioniere vor 150 Jahren. Auch die nachrückenden Weisshorntouristen: entweder auf der Alp Jatz (2246 m) oder zwei Stunden und 650 Höhenmeter weiter oben auf dem Biwakplatz, wohin man Holz schleppte, um am offenen Feuer heisse Getränke und etwas Wärme zu erhalten. So machten es jedenfalls der Genfer François Thioly und seine Führer im Juli 1867: «A minuit nous rallumâmes notre feu afin de faire bouillir notre moka dans lequel nous mîmes du vin blanc; ce mélange n'est pas très bon comme goût, mais c'est un excellent moyen de se réchauffer.»

An bester Lage: die Weisshornhütte. Die erste wurde 1876 erbaut, zerfiel aber schon bald (oben). Die neue steht seit 1900 auf einer kleinen Terrasse, mit Blick aufs Zinalrothorn (unten und rechte Seite Mitte) und auf den Monte Rosa (rechte Seite oben). Luzius Kuster ist seit 1967 Hüttenwart und Seele der wichtigsten Weisshornunterkunft.

(SAC-Jahrbuch von 1869). Na ja, Mokka mit Weisswein um Mitternacht, um sich aufzuwärmen...

Eine Hütte schützt besser vor dem kühlen Nachtwind, vor Regengüssen auch. Die SAC-Sektion Genf projektierte 1868 eine Weisshornhütte, aber dabei blieb es. Die reale erste Hütte im Tal von Zermatt wurde 1868 am Hörnligrat am Matterhorn errichtet, die zweite, die Stockjehütte, 1875 am Zmuttgletscher hinten. 1876 erhielt auch das Weisshorn seine erste Unterkunft: Johann Schaller und Alois Schwarzen aus Randa bauten sie auf ca. 2860 Metern, etwas unterhalb des üblichen Biwakplatzes auf dem Hohlicht-Rücken, weshalb das bescheidene Gebäude auch Hohlichthütte genannt wurde; Kostenpunkt 1510 Franken. 1878 übernahm die SAC-Sektion Monte Rosa die erste Weisshornhütte, die aus zwei engen Räumen bestand, einer Küche und einer Lagerstätte. Der Deutsche Paul Güssfeldt beschrieb sie im SAC-Jahrbuch von 1879: «Das Lager der Hütte besteht aus einer dünnen, theilweise feuchten Schichte von Gras; der Rauch entweicht durch das Dach. Auch im Uebrigen ist für Licht und Kälte gesorgt, dafür aber bleibt die Luft selbst Nachts gut darin.» Güssfeldt meinte, «mit einigen Bunden frischen Strohs würde sie nichts zu wünschen übrig lassen». Offenbar aber nicht der einzige Mangel, wie die «Neue Alpenpost» im gleichen Jahr anmerkte: «Letzten Sommer holte sich ein wohlbekannter junger Gebirgs-Ingenieur in der Weisshornhütte das Scharlachfieber. Ein Führer, dem daheim in Randa zwei Kinder am Scharlach erkrankt waren, hatte Tags vorher in der Clubhütte geschlafen.» Dann doch lieber biwakieren, nicht wahr? Ab Anfang der 1880er-Jahre wurde das sowieso wieder nötig, weil die erste Weisshornhütte unbrauchbar geworden war;

Mehr als fünf Sterne: Biwakplatz im Schalijoch, bevor 1963 die Biwakschachtel aufgestellt wurde. Foto von Hans Rein, als er zusammen mit Josef Nadai und Ernst Schulthess die erste Winterbegehung des Schaligrates machte. Vom Ostersamstag auf den Sonntag, 16./17. April 1949, biwakierten die drei Zürcher Alpinisten im Schalijoch. In jener Zeit galt eine Begehung bis zu Ostern noch als Winterbegehung. Gegenüber leuchten Dom, Täschhorn und Alphubel in der Abendsonne.

1891 strich man sie aus dem Hüttenverzeichnis. So schlimm muss das Übernachten unterm Sternenhimmel übrigens nicht gewesen sein: «A dire vrai, notre bivouac offrait, à la nuit tombante, un coup d'œil très pittoresque: ce feu qui flambe en projetant des lueurs fantastiques sur la grande paroi rocheuse, cette table en plein vent avec ses deux bougies qui clignotent.» Julien Gallet fand die Szenerie gar «sizilianisch».

Quand-même: Ein Berg wie das Weisshorn brauchte eine Hütte. Dieser Meinung waren alle Alpinisten. Insbesondere diejenigen in der SAC-Sektion Basel. Und man fand auch einen geeigneten Platz, 60 Höhenmeter ob der alten Hütte. Im Spätherbst 1899 erstellte Baumeister Daniel Brantschen aus Randa, der schon die Domhütte auf der gegenüberliegenden Talseite erbaut hatte, die Sockelmauer von 5,4 x 5,4 Metern für die neue Weisshornhütte. Im folgenden Sommer wurde der Holzbau mit Zinkblechbedachung errichtet, am 9. Juli 1900 fand die Einweihung statt.

Die «Alpina», die Zeitschrift des SAC, lobt im Festbericht die «grossartige Aussicht» folgendermassen: «In weitem Kranze stehen gegen 20 Hochgipfel, alle über 4000 m, vor den Augen des entzückten Beschauers [genau gezählt sind es 24]; links die ganze Mischabelgruppe, vom Dürrenhorn bis zum Täschhorn, dann der breite Alphubel, Allalinhorn, Rimpfischhorn, Strahlhorn, der wuchtige Monte Rosa, der gefürchtete Lyskamm, die Zwillinge Castor und Pollux, das vielbesuchte Breithorn. Neben diesem schiebt sich im Vordergrunde ein Aussichtsgipfel ersten Ranges, das Mettelhorn, ein, an das sich noch Imfeldspitze, Rothorn und Schallihorn anschliessen. Zur rechten Seite, handgreiflich nahe, grüsst das mächtige Weisshorn herab.»

Daran hat sich bis heute nichts geändert, ausser dass der Name Imfeldspitze verschwunden ist. Die Weisshornhütte steht immer noch am gleichen Ort, wurde zwar schon kurz nach der Eröffnung vom Schneedruck oder von einer Lawine talwärts verschoben (und 1981/82 nochmals), doch die Lawinenschutzmauern wurden grösser, die Hütte 1975 auch, von ursprünglich 22 schmalen Schlafplätzen auf heute 30 breitere.

Damit sind wir am letzten Etappenhalt der Tour du Weisshorn angelangt. Von allen

Kein Hotelstern mehr: Hotel und Pension Weisshorn in Randa, gezeichnet vom Matterhorn-Erstbesteiger Edward Whymper, aus seinem 1912 publizierten «Guide à Zermatt et au Cervin ou Matterhorn»; die englische Originalausgabe erschien 1897. Weil die Gäste im Zweiten Weltkrieg ausblieben, konnte der damalige kirchliche Jugendverband Blauring im 1861 erbauten Hotel Lager durchführen. 1946 kaufte die kirchliche Annuntiata-Stiftung das Haus, das 1953 vom Diözesanbischof Nestor Adam von Sitten den neuen Namen «Maria am Weg» erhielt. 2011 feiert das Haus Randa – und das Weisshorn – 150 Jahre.

Seiten haben wir den Berg kennengelernt. Rund 70 Kilometer sind wir gewandert, nun schlafen wir nur gut 5 Kilometer von der Cabane d'Arpitetta entfernt. Und genau auf dieser Luftlinie liegt das Schalijochbiwak (3786 m), die höchste Unterkunft am Weisshorn. Die achtplätzige Biwakschachtel erstellte die SAC-Sektion Basel 1963 – ein schönes und sinniges Geschenk zu ihrem 100. Geburtstag. Das Material flog der bekannte Pilot Hermann Geiger mit dem Helikopter von Zinal ins Joch. Leider befindet sich das Schalijochbiwak etwas gar weit oben und abgelegen für Wanderer. Ja, es gilt als die am schwierigsten und zeitaufwändigsten zu erreichende Unterkunft der Schweiz.

Geschlossen:
Hotel Weisshorn, Randa
Schnüren wir zum letzten Mal die Trekkingschuhe, schultern wir den ganz leicht gewordenen Rucksack. In der Morgensonne, unter den hell erleuchteten Wänden von Rot- und Weisshorn, steigen wir von der Touristenhütte auf dem neu erstellten und markierten Weg zur Hirtenhütte Schatzplatte hinab. Schatzplatte: allein dieser Name! Ein Platz zum Verweilen, ein Ort der Einkehr, flankiert von unbändigen Gletscherströmen und Geröllhängen, beschallt von noch ungebändigten Wassern. Genial dann der alte Weg talauswärts nach Randa. Die modernen Errungenschaften holen uns nicht allzu schnell ein, linkerhand mal die Ruinen des Kraftwerkbaus, womit der Schalibach gefasst und nach Grande Dixence umgeleitet wird, rechterhand dann der Golfplatz zwischen Täsch und Randa. Zuletzt bummeln wir auf der Strasse durch die weit verstreute Siedlung und kommen, bevor wir links zum Bahnhöfli halten, an ein grosses Gebäude: das einstige Hotel Weisshorn. 1861 als Hotel du Dome eröffnet, in den 1880er-Jahren zum Hotel Weisshorn mutiert. Seine Blütezeit erlebte es vor dem Ersten Weltkrieg, der Berichterstatter im «L'Écho des Alpes» war 1895 sehr zufrieden mit dem guten und günstigen Essen. Und: «Bien malheureux serait celui qui en rentrant d'une belle course ne sentirait pas l'agrément d'une omelette ‹à point› ou d'une côtelette ‹sur le gril› arrosés d'un demi-litre d'excellent ‹fendant gris›».
Einem solchen Vergnügen, ob in einem Hotel oder einer Hütte, können wir nur zustimmen.

Georg Winkler und Eleonore Noll-Hasenclever
Als Grabmal eine weisse Pyramide
Eine Denkschrift von Karin Steinbach Tarnutzer

«In einsamer Schönheit» leuchtete für Eleonore Noll-Hasenclever das Weisshorn, «mit seiner Formen edlem Gleichmaß den Beschauer geradezu beglückend». 1925 starb sie in seiner Ostflanke in einer Lawine – wie 37 Jahre zuvor auf der gegenüberliegenden Seite des Gipfels Georg Winkler. Beide waren herausragende Alpinisten ihrer Zeit, beiden wurde ihre Leidenschaft für die Berge zum Verhängnis.

Georg Winkler, je nach Quelle am 19. oder 26. August 1869 – im Gründungsjahr des Deutschen Alpenvereins – geboren, war bei seinem Tod am Weisshorn erst knapp 19 Jahre alt, hatte jedoch in der kurzen Zeit seiner bergsteigerischen Aktivität dem Klettern eine leistungsorientierte, sportliche Komponente verliehen. Der Sohn eines Münchner Metzgermeisters besuchte das Gymnasium und plante, Medizin zu studieren, zumindest schrieb er sich bei seinem letzten Hotelaufenthalt in Zinal 1888 mit «med. cand.» ins Gästebuch ein. Der nur 1,50 Meter grosse Schüler war ein begeisterter Turner mit entsprechend Kraft und Bewegungsbegabung, die er – nach anfänglichen kleinen Touren wie Kampenwand, Wendelstein oder Bodenschneid in den Jahren 1880 und 1883 – für anspruchsvollere Gipfel einzusetzen wusste. 1884, mit 15 Jahren, verbrachte er erstmals eine Woche im Wetterstein und am Arlberg

und bestieg mit einem Führer die Zugspitze. Seine Unternehmungen hielt er unter dem Titel «Meine Wanderungen im Hochgebirge» in seinem Tourenbuch fest. Aus den Wanderungen wurden bald anspruchsvollere Ziele. Im Sommer darauf verbrachte Winkler fast fünf Wochen in den Alpen und liess sich vom Allgäu (wo er die Mädelegabel allein bestieg) über die Silvretta in den Wilden Kaiser treiben. Der Fels des Kaisergebirges scheint den Sechzehnjährigen für das Klettern begeistert zu haben, jedenfalls trainierte er seit dieser Zeit regelmässig im Münchner Isartal, entweder im Klettergarten Buchenhain oder an einem grossen Nagelfluhblock zwischen Geiselgasteig und Grosshesseloher Brücke, aber auch am Gestänge der Brücke selbst. Um sich an kalte Biwaknächte zu gewöh-

«Ein Felsenadler, der zur Sonne flog: ein Tatenmensch, kein Stürmer ohne Kraft; ein Horstersieger: Georg Winkler war's. Im Morgenrot des Sports stieg er zur Sonne...» So abgehoben beginnt die biografische Würdigung Georg Winklers durch Erich König, der 1906 das Erinnerungsbuch «Empor!» herausgab. Das Porträt des Alpinisten mit Seil und Pickel eröffnet jene Schrift – und dieses Kapitel. Dazu passt die Foto mit der kalten Morgensonne in der eisigen Nordostwand.

5181 Tirol - Dolomiten - Vajolettürme: Delagoturm (2780 m) Stabeler- (2805 m) und Winklerturm (2800 m)

«Der Turm bietet von seinem Fuß aus gesehen einen großartigen Anblick und ist die feinste Gipfelbildung, die ich je gesehen»: Notiz von Georg Winkler in seinem Tagebuch «Meine Wanderungen im Hochgebirge». Am 17. September 1887 machte er die erste Besteigung des kleinsten, später nach ihm benannten Vajoletturms; den Abstieg meisterte er kletternd, da Steinschlag sein Seil schwer beschädigt hatte. Postkarte, abgestempelt 1912 in Cortina d'Ampezzo.

94

nen, schlief er leicht bekleidet auf dem Fussboden eines Vorratsraums. Obwohl Winklers Eltern wenig Verständnis für die Bergbegeisterung ihres Sohnes aufbrachten, ermöglichten sie ihm von nun an jeden Sommer einen mehrwöchigen Aufenthalt im Gebirge. Im Tourenbuch wie auch im Notizbuch finden sich akribische Eintragungen nicht nur zu Uhrzeiten, sondern auch zu Fahrpreisen, Übernachtungs- und Führertarifen sowie Abrechnungen mit Tourenpartnern – zu grosszügig scheinen ihn die Eltern finanziell nicht ausgestattet zu haben, oft zog er ein Biwak unter freiem Himmel einer Hüttenübernachtung vor. 1886 tauchte Georg Winkler schon Mitte April im Kaiser auf – vermutlich nützte er

seine Osterferien – und traf auf «Schnee massenhaft». Erstmals hatte er ein eigenes Seil dabei, und davon, einen Führer zu nehmen, war keine Rede mehr. Im Alleingang glückte ihm die Erstbegehung des Couloirs zwischen Totenkirchl und Hinterer Karlspitze, das heute als «Winklerschlucht» bezeichnet wird. Im Juni kehrte er zurück, lernte den Augsburger Alois Zott kennen und begleitete ihn auf einer Tour durch den Totenkirchlkamin. Zott schwärmte anschliessend vom «kühnsten und besten Kletterer seiner Zeit», noch während des Abstiegs verabredete er sich mit Winkler für die Sommerferien zu einer gemeinsamen Fahrt in die Dolomiten. Im August setzte der vorsteigende Siebzehnjährige bei ihrer Besteigung der Kleinsten Zinne seinen Wurfanker ein, mit dem er seine geringe Körpergrösse kompensieren konnte. Neben einer frühen Besteigung der Croda da Lago gelang der Seilschaft die Erstbegehung der Cima della Madonna, «ein Erfolg, den nur die außerordentliche Kühnheit und Klettergewandtheit Winklers zu erzwingen vermochte», wie Zott schrieb.

Im Jahr darauf verbrachte Georg Winkler die zweite Augustwoche mit seinem Freund Arthur Dietz im Kaiser und reiste dann weiter in die Dolomiten. Nach elf grossen Gipfeln, die er meist allein bestieg, stand er am 17. September 1887 am Fuss des kleinsten und noch unbetretenen Vajoletturms. Mit dessen Erstbesteigung im Alleingang überschritt er deutlich die Grenzen des damals als machbar Geltenden. Er selbst bezeichnete die Tour in einem Brief an Robert Hans Schmitt als «eine köstliche Unterhaltung, die keine Langeweile aufkommen läßt». Bei Erich König, der 1906 posthum Winklers Tourenbuch, ausgewählte Briefe sowie Besteigungsberichte zeitgenössischer Führerloser unter dem programmatischen Titel «Empor!» in einem

Jugendstil-Prachtband herausgab, klingt das erheblich überschwänglicher: «Von nun an vervollkommnete sich Winklers Technik ungemein, bekam Stil, und durch die Ersteigung jener dämonischen Wundersäule im Vajolett, die die Nachwelt ‹Winklerturm› nannte, schuf sich Georg Winkler nicht nur ein Denkmal, er schuf die bedeutendste Kletterleistung überhaupt, welche bis dahin in den Dolomiten vollbracht wurde.»

In Winklers Notizbuch werden Ende September, nach der Heimkehr aus den Dolomiten, die kurzen Vermerke zu vollbrachten Touren von weniger Erfreulichem abgelöst: «Griechische Gramat. bis zu den Nebensätzen. Für Montag: Formenlehre Verba anomala, Syntax bis Seite 9, Übersetzen 96: nachdem Philipp Homers Ilias III. Gesang.» 1888 stand das Abitur an, statt antibürgerlichen Sturms auf schwierige Gipfel war Examensvorbereitung angesagt. Doch die Sommerferien waren schon lange geplant, sofort nach der glänzend bestandenen Prüfung brach Winkler auf, in die Schweiz. Seit dem Frühjahr 1888 hatte er einen regen Briefwechsel mit dem 1863 geborenen Eugen Guido Lammer geführt, dem überzeugten Alleingänger und kompromisslosesten der führerlosen Bergsteiger. Beeindruckt von dessen Alleingang aufs Weisshorn, eiferte er dem Vorbild nach und wollte sich an vergletscherte Hochtouren wagen, mit denen er bis dahin kaum Erfahrung hatte, liebäugelte mit einem Abstieg über die Monte-Rosa-Ostwand, natürlich allein, und verabredete sich für

«Der Lammer! Wie der so allein auf's Weißhorn geht!» Das sagte Winkler zu Erich König, dem Herausgeber seiner Schriften post mortem. Winkler wollte am 16. August 1888 solo durch die wilde Westwand des Weisshorns klettern (oben), aber der Berg wollte ihn nicht, ja gab ihn erst 1956 frei. Die Gedenktafel ist am Kirchturm von Ayer angebracht (unten). Schicksalsberg Weisshorn: Marco Volken fotografierte ihn von der Neuenburger Jurafalte Tablettes, mit Blick übers helle Schweizer Mittelland. Und was ist das leuchtende Band links? Der Glacier de la Plaine Morte oberhalb Crans-Montana, auf Deutsch der Gletscher der toten Ebene (folgende Doppelseite).

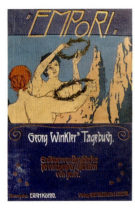

«Seine Touren, sie waren das Hohelied kühnster Felskletterkunst. Den edelweißdurchflochtenen Lorbeer, ich lege ihn auf deinen Sarg.» Nochmals ein Zitat von Erich König aus dem euphorischen und eleganten Erinnerungsbuch für Georg Winkler (oben). Den weissen Tod am weissen Horn erlebte Eleonore Noll-Hasenclever (unten) gleich zweimal: Am 1. August 1914 konnte sie ihm noch entkommen, am 18. August 1925 um 16.15 Uhr nicht mehr. «Ihre Gesichtsfarbe war leichengelb, im offenen Mund lauter Schnee», schilderte Hermann Trier das Lawinenunglück und versuchte die Seilgefährtin wiederzubeleben: «Nach zehn Minuten mußte ich einsehen, daß Frau Noll nicht mehr zu erwecken war.»

die Zeit nach dem Wallis mit Zott und Dietz im Mont-Blanc-Gebiet. Am 22. April 1888 hatte er an Lammer geschrieben: «[...] auf meinen Bergfahrten habe ich mich stets bemüht, sportlich Anerkennungswertes zu leisten; und wenn auch die Kraft nicht groß ist, der Wille war stets der beste; ich bin mir über das movens bei meinen Touren längst klar geworden und erkannte bald, daß es die Gefahr ist, die, aufgesucht und überwunden, dem Manne unendliche Genugtuung und viele Befriedigung gewährt [...].»

Winkler stieg am 12. August im Hotel Durand in Zinal ab und bestieg zwei Tage später von Mountet aus allein das Zinalrothorn. Am 15. August schrieb er einen letzten Brief an Arthur Dietz, worin er dem Freund über die Tour berichtete. Am 16. August brach er zur lawinengefährdeten Westwand des Weisshorns auf. «Es glühten die Firne, als er emporstieg, in Glorie strahlte das Weißhorn, – da schmetterte eine Lawine den Starken in den Grund. Dort liegt er noch, ein alpiner Ritter, die Steigeisen wahrscheinlich an den Füßen, vielleicht noch heute den Pickel – Waffenschmied Rasp in München hatte ihn geschmiedet – in der Faust, im Eis eingeschlossen liegt er da, träumend von seinem Winklerturm, bis auch der Tag kommt, der die Lawine apert und ihm ein neuer Sonnenaufgang ist.» (Erich König) Dieser Tag kam. Allerdings war es nicht die Lawine, die Georg Winkler freigab, sondern der Gletscher, und der benötigte 68 Jahre dazu. Am 29. Juli 1956 fanden Rose und Adrien Voillat sowie Maurice Brandt, Autor der SAC-Führer für das Wallis, rund einen Kilometer vom Fuss der Westwand entfernt die Überreste eines menschlichen Körpers, der sich anhand einer ebenfalls aufgefundenen Hotelrechnung als derjenige von Georg Winkler

identifizieren liess. Neben einem Portemonnaie mit sechs 20-Franken-Goldstücken und weiteren Ausrüstungsgegenständen kam auch ein Seilstück mit einem Knoten am Ende zum Vorschein, das der Wurfanker des schnell verglühten «Bergsteiger-Meteors» gewesen sein könnte. Um sich die 300 Franken Belohnung abzuholen, die der Vater Georg Winklers bei seinem Besuch in Zinal Ende August 1888 für das Auffinden seines Sohnes ausgesetzt hatte, war es nun allerdings zu spät. Der Leichnam wurde unter grosser Anteilnahme der lokalen Führer und in Anwesenheit eines jüngeren Bruders des Toten in Ayer im Val d'Anniviers beigesetzt; heute existiert noch die am Kirchturm angebrachte Gedenktafel.

«Ich bin Bergsteigerin, Mama!»

Als Georg Winkler auf der Westseite des Weisshorns starb, war die am 4. August 1880 in Duisburg geborene und in Frankfurt lebende Eleonore Hasenclever gerade acht Jahre alt geworden und hatte mit Bergsteigen noch überhaupt nichts am Hut. Das änderte sich schlagartig, als die

Tochter aus gut situiertem Hause in ein Mädcheninternat nach Lausanne geschickt wurde. Von einem Schulausflug nach Zermatt kehrte sie völlig fasziniert von der Bergwelt zurück und nützte in der Folge jede Gelegenheit, um sich Richtung Alpen aus dem Staub zu machen. Sie erkundigte sich nach dem besten Bergführer im Wallis, suchte Alexander Burgener im Saastal auf und engagierte ihn, um ihr das Bergsteigen beizubringen. Zu Anfang noch skeptisch, war der 54-jährige Führer bald von ihren aussergewöhnlichen Fähigkeiten überzeugt, mehr noch: Es entwickelte sich eine herzliche, freundschaftliche Beziehung zwischen dem 19-jährigen «Gamsli», wie Burgener sie nannte, und ihrem «Bergvater». Bereits 1899 standen die beiden auf dem Matterhorn, Gamslis erstem Viertausender.

Bei ihrer Mutter löste Eleonore Hasenclever Entsetzen aus, als diese die Tochter im Pensionat besuchten wollte, sie nicht antraf und ihr nach Zermatt hinterherreiste. Am Bahnhof entdeckte sie die junge Frau in Hosen und eine Zigarre rauchend, das Gesicht braun gebrannt, und als sie um eine Erklärung bat, erhielt sie die Antwort: «Ich bin Bergsteigerin, Mama!» Gegen Eleonores Leidenschaft war der Widerstand der Eltern zwecklos. Von nun an verbrachte sie jeden Sommer mehrere Wochen in den Schweizer Alpen oder im Mont-Blanc-Gebiet und entwickelte sich zu einer ausgezeichneten selbstständigen Bergsteigerin. Als sie 1908 mit Burgener das Bietschhorn bestieg, beeindruckte sie vor allem die Aussicht auf das Weisshorn: «Das edle Weißhorn ist es, dem vor allem die Krone gebührt. Ihm galt unser besonderes Interesse, planten wir doch für die nächsten Tage seine Besteigung.» In jenem Jahr konnte der Plan allerdings nicht mehr umgesetzt werden.

Nach einer gemeinsamen Besteigung der Aiguille Verte im Sommer 1909 schenkte

«Als wir schon fast den oberen Rand und damit die Schneeschulter des Ostgrates erreicht hatten, löste sich zu unserem Entsetzen mit lautem Krachen die obere Schneeschicht über die volle Hangbreite. Trotz ihrer geringen Dicke war sie leider schwer genug, um uns den Halt zu rauben und mit in die Tiefe zu nehmen.» Hans Pfann war der Dritte der Seilschaft mit Hans Trier und Eleonore Noll-Hasenclever, als das Schneebrett im Hang unter dem felsigen Dreieck losbrach (die punktierte Linie zeigt von rechts ihre Route zur Weisshornhütte).

«Zermatt ist mir zweite Heimat geworden; seit dem Kriege, da mir die liebste Gruppe der Alpen, die Mont-Blanc-Gruppe, verschlossen wurde, ist Zermatt mir noch mehr ans Herz gewachsen. Freunde erwarteten mich.» Eleonore Noll-Hasenclever inmitten ihrer Freunde, Bergkameraden und mit dem Ehemann links von ihr, «in der Konditorei des ‹Mont Cervin›», wie die Originallegende aus ihrem Buch «Den Bergen verfallen» lautet. Ihnen verfallen – in ihnen gefallen (und einige der Gefährten fielen im Krieg): Schleierwolken umhüllen das Weisshorn, leichentuchähnlich (vorangehende Doppelseite).

Alexander Burgener dem «Gamsli» sein Führerabzeichen und forderte sie auf, von nun an führerlos bergzusteigen, da er ihr nichts mehr beibringen könne. Den Rest des Sommers war Hasenclever vor allem mit Dr. Richard Weitzenböck aus Graz und weiteren Bekannten unterwegs. Auf dem Weg zum Rochefortgrat kam es bei Montenvers zu einer kuriosen Begegnung: «Französinnen, in wallende Schleier gehüllt, balancierten auf hohen weißen Stöckelschuhchen über den schmalen Pfad, der in die Felsen gehauen ist. War das ein Quietschen! Die armen Führer hatten ihre helle Not. Und die Verachtung, mit der sie auf uns schwarz verbrannte Menschen herabschauten, deren Anzug von manchen Kämpfen mit Wind und Wetter, mit Felsen und Eis erzählte. Und dann ‹mon dieu, c'est une femme›, ‹mais non, c'est un anglais avec ces trois guides›, antwortete die andere. Da waren wir ganz oben auf, meine Kameraden als Führer und ich als Engländer.» Als sie kurz darauf die Grandes Jorasses überschritt, schaute sie, auf dem Bauch liegend, von der Pointe Walker in die «furchtbare Nordwand hinunter, die mich so sehr gelockt», und stellte sich, fast dreissig Jahre vor deren Erstdurchsteigung, die Frage: «Wann werde ich da hinaufsteigen?!»

Als eigenständige Begeherin anspruchsvoller Routen war Eleonore Hasenclever zu ihrer Zeit eine Ausnahmeerscheinung. 1910 wurde sie in den elitären Österreichischen Alpenklub aufgenommen und galt über Jahrzehnte hinweg als die führende Alpinistin. Über ihre Touren berichtete sie in diversen alpinen Publikationsorganen, und sie hielt beliebte Vorträge, auf denen sie selbst fotografierte Bilder zeigte und von ihren Erlebnissen berichtete – auch in der Absicht, ihre Geschlechtsgenossinnen für die Schönheit der Berge zu begeistern. Doch nicht genug, dass sie als Frau führerlos ging, sie führte auch mit grosser Selbstverständlichkeit selbst, beispielsweise 1911 einen gewissen Johannes Noll auf der Grand Charmoz. Die Seilschaft muss sich gut verstanden haben: Drei Jahre später heirateten die beiden, und 1916 wurde die Tochter Eleonore, genannt «Sternchen», geboren.

Selbst Heirat und Familiengründung hielten Frau Noll-Hasenclever nicht davon ab, ihr freies Leben fortzusetzen. 1914 kehrte sie zum Weisshorn zurück, um endlich «diesen neben dem Matterhorn edelsten Berg zu besteigen». Am 1. August – vom Ausbruch des Ersten Weltkriegs erfuhren sie erst am späten Abend – stand sie mit Richard Weitzenböck auf dem Gipfel ihres 45. Viertausenders, nachdem sie tags zuvor bei ihrer Rekognoszierung einen Lawinenabgang glimpflich überstanden hatten: «Wir hatten mächtig gestapft, immer einander im Vorangehen abwechselnd, und überlegten gerade, ob die Lawinengefahr nicht zu gross sei, um weiterzugehen, als schon ein Poltern über uns eine Lawine ankündigte. Da wir am Felsen standen, glaubten wir, dass die Schneemassen über uns hinweggehen würden. Ich stiess meinen Pickel bis zur Schaufel ein. Ein wahres Trommelfeuer von Schneeblöcken, dann schleuderte mich die Kraft der Lawine mitsamt dem Pickel eine Strecke fort, nahm mich galant auf ihren Rücken, wühlte mich zu unterst und warf mich wieder nach oben; ich suchte mit allen Kräften mich schwimmend auf der Oberfläche des Schneestroms zu halten, was mir auch gelang. Mein Gefährte, der etwas höher gestanden, war nur von der Lawine gestreift worden. Da wir ohne Seil gegangen, hatte sie ihn verschont. Ich gab ihm meinen Apparat, um mein erstes Lawinenabenteuer festzuhalten.»

Noch im selben Jahr fiel Weitzenböck in Galizien. Konnte sie während der Kriegsjahre nur in den Ostalpen bergsteigen, kehrte Noll-Hasenclever nach Kriegsende nach Zermatt zurück, wo sie grosse Touren mit berühmten Alpinisten unternahm: 1919 die Monte-Rosa-Ostwand mit Heinrich Burgener, 1923 die Überschreitung vom Matterhorn zur Dent d'Hérens mit Willo Welzenbach und Hans Pfann (während ihr Freund Alfred Horeschowsky einen Versuch in der Matterhorn-Nordwand machte).

Im August 1925 bestieg die Familie Noll-Hasenclever einschliesslich des neunjährigen Sternchens das Matterhorn. Wenige Tage später brach Eleonore mit Pfann und Hermann Trier zum Bishorn auf, um anschliessend über den Nordgrat das Weisshorn zu erreichen. Weil sie spät dran waren und das Wetter umzuschlagen drohte, kehrten sie vom Gipfel des Bishorns aber ins Bisjoch zurück und wollten auf der von Geoffrey Winthrop Young und Felix Levi im Jahr 1900 erstbegangenen Route zur Weisshornhütte gelangen. Auf dem steilen Hang kurz vor Erreichen des Ostgratsattels gerieten die drei in ein Schneebrett. Trier konnte sich aus dem Lawinenschnee befreien, auch Pfann überlebte verletzt, doch für Gamsli kam jede Hilfe zu spät. Sie erstickte in den Schneemassen, welche die Spalte auffüllten, in die sie gestürzt war. Ihr zweites Lawinenabenteuer am Weisshorn war ihr zum Schicksal geworden.

«Als schöner Mann ist er gestorben in der Lawine; nur an der Schläfe zeichnete ihn ein Mal, als ich ihn in Grindelwald sah, wohin ich geeilt war, ihm das letzte Geleit zu geben. Wirklich, guter Alexander, auf der Ofenbank konntest du dein Leben nicht beschliessen!» Sie vielleicht auch nicht... Eleonore und Alexander auf dem Schutzumschlag ihres Erinnerungsbuches von 1932; Burgener starb 65-jährig in einer Lawine auf dem Weg zur Berglihütte ob Grindelwald, am 8. Juli 1910 (oben). Grabstein von Eleonore Noll-Hasenclever (unten): «Im Friedhof zu Zermatt wurde sie zur letzten Ruhe gebettet» (Hans Pfann). Für den Trauergottesdienst stellten die Anglikaner erstmals seit dem Krieg ihre Kapelle für eine Deutsche zur Verfügung, und Tausende von Edelweiss deckten den Sarg.

Fels- und Eisstürze
Der Berg ruft, der Berg kommt
Ein Befund von Françoise Funk-Salamí

Das Weisshorn ist ein Berg der Superlative. Unbeeindruckt entlässt es kaum jemanden. Majestätisch präsentiert sich die alpine Hoheit, als könne nichts ihre Schönheit schmälern. Ihrem vereisten Gesicht auf der Nordostseite verdankt es die Pyramide, dass sie den Namen Weisshorn und nicht etwa Schwarzhorn trägt. Dieser weisse Schmuck, der den Berg so majestätisch erscheinen lässt, ist aber nicht nur schön, sondern auch gefährlich. Der steile Bisgletscher schickt immer wieder Eisbrocken in die Tiefe des Matter- oder Nikolaitales. Im Winter können sich mit viel Neuschnee Lawinen bilden, die bis hinunter in den Talboden fegen und an der Gegenseite heraufbranden. Dort liegt Randa, die Gemeinde mit rund 400 Einwohnern, beidseitig eingeschlossen zwischen schroffen Felswänden.

Der Walliser Kantonsingenieur und Gletscherforscher Ignaz Venetz beschrieb den Ort in seinem Bericht vom 18. Januar 1820: «Das Dorf Randa befindet sich sechs Stunden oberhalb Vispach im rechten oder südlichen Arm des Vispachthals, welches unter dem Namen des St.-Nicolaithals bekannt ist. Es ist ohngefähr 2400 Fuss vom rechten Ufer der Vispa auf einem ziemlich abhängigen Schutthaufen gelegen, dessen steinichter Grund durch die Betriebsamkeit der Einwohner Randas ganz in Wiesen umgeschaft worden ist. Diesem gegenüber liegt ein anderer Schutthaufen, über welchen sich die mit dem Randagletscher überdeckten Felsen emporheben, deren höchste Spitze das Weisshorn genannt wird und sich ohngefähr 9000 Fuss über Randa erhebt. Die Breite des Thales in der Höhe des Dorfes beträgt ohngefähr eine halbe Stunde.»

Mit den Naturgefahren leben
Die Natur hat den Menschen in Randa nicht viel Lebensraum zugestanden. Das Bergdorf wurde in den vergangenen Jahrhunderten immer wieder von Naturkatastrophen heimgesucht. Besonders gefürchtet sind in Randa Eis-Schnee-Lawinen. Seit 1636 sind 20 Gletscherkatastrophen bekannt, wovon drei insgesamt 51 Todes-

Erdbeben: Wenn der Berg stürzt, dann bebt die Erde. Das war am 18. April und 9. Mai 1991 der Fall, als sozusagen ein Teil des Weisshorn-Sockels auf Randa stürzte, den Weiler Lerch, die Vispa, Talstrasse und Eisenbahnlinie verschüttete (links). R. Kummer zeichnete «das Erdbeben im St. Nikolasthale im Kanton Wallis am 25. Juli» 1855, wie die Legende zu diesem Stich lautet (oben).

Hangneigung: Die Luftaufnahme von Walter Mittelholzer zeigt, wie steil es von den Gipfeln ins Tal nach Zermatt und Randa geht (oben). Kopf- und Fussbereich des Weisshorns (rechte Seite): Der Hängegletscher in der Nordostwand droht immer wieder abzubrechen, der Bergsturz von 1991 zeigt sich noch als offene Wunde.

opfer forderten. Am 13. Januar 1636 sei «gemäss Volksmund der ganze Gletscher, der auf der obersten östlichen Seite des Weisshorns sich befindend, heruntergefallen», schreibt Ignaz Venetz 1820. Das Unglück forderte 37 Todesopfer, was damals etwa einem Drittel der Dorfbevölkerung entsprach. Am 18. Februar 1720 wurde sogar die Hälfte des Dorfes zerstört, und 12 Menschen verloren ihr Leben. Offen bleibt, ob es sich dabei um einen Gletscherabbruch, eine Schneelawine oder eine Kombination der beiden handelte. 1737 zertrümmerte eine Eis-Schnee-Lawine erneut 140 Gebäude. Obwohl das Dorf am 27. Dezember 1819 selbst nicht von den herabstürzenden Eismassen getroffen wurde, rissen die Luftstösse die Kirchturmspitze weg, verschütteten 17 Häuser sowie 72 Scheunen und Ställe. Wieder waren zwei Tote zu beklagen.

Nach dieser Katastrophe bat die Gemeinde Randa Ignaz Venetz, vorbeugende Massnahmen hinsichtlich der Abwendung zukünftiger Gletscherkatastrophen in die Wege zu leiten. Nach einer Inspektion sandte der Kantonsingenieur und Naturforscher am 11. Januar 1820 einen ausführlichen Bericht, in dem er den Vorgang der Geschehnisse eindrücklich schilderte: «Am 27ten letzten Decembris morgens gegen sechs brach an einer gegen Ost gekehrten sehr steilen Seite der obersten Spitze des Weisshorns ein Theil des daraufliegenden Gletschers ab, stürzte mit donnerndem Getöse auf die tieferliegenden Gletschermassen und kündigte mit dem fürchterlichsten Krachen Schrecken und Verwüstung im Thale an. [...] Ein entsetzlicher durch den Druck der Luft bewirkter Windstoss erfolgte unmittelbar und richtete die grauenvollste Verherung an. Der Fall des Gletschers an sich selbst hat das Dorf nicht berührt; aber der dadurch entstandene Windstoss war so mächtig, dass er Mühlsteine mehrere Klafter weit bergauf geworfen, in grossen Entfernungen die stärksten Lerchbäume aus den Wurzeln gerissen, Eisblöcke von ohngefähr 4 Kubikfuss Grösse bis über das Dorf, folglich eine halbe Stunde weit geschleudert, die Spitze des steinernen Glockenthurmes abgeworfen, Häuser bis in die Keller abgerissen und das Holz vieler Gebäude über eine viertel Stunde weit über das Dorf in den Wald hinaufgeführt hat. Acht Ziegen sind aus einem Stall mehrere hundert Klafter weit geschleudert und eine – seltsam genug – lebendig wieder gefunden worden. [...] Der Gletscherschutt aus Schnee, Eis und Steinen bestehend, bedeckt die unter dem

Klimaerwärmung: Vergleicht man Länge und Mächtigkeit des Bisgletschers auf der Foto von etwa 1920 mit derjenigen von 2000 (rechte Seite), so ist sein Rückgang offensichtlich. Viel harmloser ist er deswegen nicht geworden, und die Seitenhänge können auch plötzlich an Festigkeit verlieren. Randa liegt halt im tiefsten Tal der Schweiz: Vom Weisshorn und vom Dom geht es je 3100 Meter fast hindernislos in den Boden hinab.

Dorf gelegenen Ländereyen und Wiesen auf eine mittlere Länge von wenigstens 2400 Fuss und 1000 Fuss Höhe, der ganze Schutthaufen enthält demnach wenigstens 360 Millionen Kubikfuss. [...] Aber noch unbegreiflicher ist es, dass nicht mehr als 2 Personen das Leben eingebüsst haben, da doch einige Familien samt den Häusern fortgetragen und in den Schutt und Schneegestäub begraben wurden [...], dass sie nackend, aller Kleider und Lebensmittel beraubt aus dem Schnee gezogen wurden, ohne zu wissen, wo sie in Zukunft wohnen, sich kleiden und ernähren würden.»

Wiederholungstäter
Wie aus den Schilderungen von Ignaz Venetz hervorgeht, klebt der Übeltäter an der vierzig Grad geneigten Nordostwand des Weisshorns auf 4200 Meter Höhe: ein Hängegletscher. Dieser ist so steil, dass sich das Eis am Fels nur halten kann, weil die Temperaturen in dieser Höhenlage kalt genug dafür sind. Da dort auch zu wenig Schnee und Eis schmelzen, muss der Gletscher seine Masse auf eine andere Art verlieren, um sein Gleichgewicht wiederherzustellen. Bei einer kritischen Grösse wird die Bruchfestigkeit des Eises erreicht, und es werden periodisch Eisbrocken abgestossen, die auf den Bisgletscher fallen. Diese Eisstürze ereignen sich unabhängig von Klimabedingungen übers ganze Jahr und beschränken sich meistens auf kleinere Mengen. In seltenen Fällen können auch grössere Eismassen abbrechen (über 100 000 Kubikmeter).

Eine Gefährdung für das Tal besteht nur im Winter. Dann sind die Berghänge mit Schnee bedeckt. Dadurch und wegen der glatten Sturzbahn können riesige und weitreichende Lawinen entstehen, wie eben an jenem verhängnisvollen 27. Dezember des Jahres 1819, als 13 Millionen Kubikmeter Eis und Schnee ins Tal donnerten. Im Hinblick auf künftige Lösungen der Gletschergefahr in Randa sprach Ignaz Venetz in seinem Bericht auch Empfehlungen aus: «Nun fragt es sich, ob man jener Gefahr vorbeugen oder selbe wenigstens ausweichen könne? Das Abfallen des Gletschers zu verhindern ist über menschliche Kräfte. Es bleibt also dieser armen Gemeinde kein anderes Mittel übrig, als den Ort zu verlassen, oder sich gegen seine Verheerungen zu verschanzen. [...] Wollen sie sich verschanzen, so muss auf der

Seite, wo der Windstoss das Dorf trifft eine hohe Mauer aufgeführt werden, die stark genug sey ähnlichen Windstössen zu wiederstehen. [...] Vielleicht wäre es am besten, wenn man das Dorf ohngefähr eine halbe Stund thalaufwärts gegen Tesch versetzen, und es mit einer guten Mauer oder Damm gegen die Verheerungen eines Baches sichern würde, denen diese Gegend zuweilen ausgesetzt ist.» Die Worte zeigen deutlich, dass es im engen Tal für die Bevölkerung nicht viele Auswege gibt, vor den Naturgefahren zu flüchten. Bei einer Umsiedlung Richtung Täsch hätte die nächste Gefahr gelauert, die ebenso ihre Schutzmassnahmen erfordert hätte.

In den darauffolgenden 200 Jahren wurde es nicht unbedingt ruhiger ums Weisshorn. Der Bisgletscher blieb Wiederholungstäter. Alle paar Jahrzehnte, gelegentlich auch in engeren Zeitabständen, meldete er sich wieder, doch verschont er seit 1819 die Menschenleben. Dies ist erfreulich und erstaunlich zugleich. Es wirft die Frage auf, was heute denn anders ist als früher, denn die Menschen haben nicht umgesiedelt und keine Schutzmauer gebaut. Sie leben nach wie vor in den gleichen Häusern. Möglicherweise hat sich der Gletscher oder die Sturzbahn in den letzten beiden Jahrhunderten verändert, sodass die Lawinen nicht mehr jenes verheerende Ausmass von früher annehmen. Dies sind aber reine Spekulationen, denn aus dieser Zeit gibt es noch keine Fotografien, die den Zustand des Gletschers dokumentieren könnten.

Gefahrenzone: Von der alten (linke Seite) und der neuen Domhütte kann die instabile Nordostseite des Weisshorns gut studiert werden. Der Weisshornweg von St. Niklaus über Jungu nach Randa und vielleicht noch weiter zur Weisshornhütte verläuft übrigens dort quer hindurch – Rast sollte man also an einem weniger gefährdeten Ort machen.

Schuttkegel: Randa lebt seit jeher mit den Gefahren von Eis- und Felsstürzen. Das zeigt auch diese Aufnahme um 1920: Der Schuttkegel unter dem bösen Bisgletscher ist unübersehbar. Die Kirche aber steht fest im Dorf.

Schwierig prognostizierbar

Seit Ignaz Venetzes Lebzeiten hat sich in der Gletscherforschung einiges getan. Wesentliche Impulse erhielt sie durch die wissenschaftliche Auseinandersetzung mit gefährlichen Gletschern, verbunden mit dem Ziel, drohende Katastrophen vorauszusehen oder zu vermeiden.

Die Situation gefährlicher steiler Gletscher wird jährlich auf Luftaufnahmen dokumentiert. Spaltenbildung hinter der Abbruchfront, zunehmender Eisschlag oder eine kritische Geometrieänderung können auf eine Instabilität hinweisen. Beim Bisgletscher führte man in der Vergangenheit bereits zweimal intensive Beobachtungen und Messungen durch, um den Zeitpunkt eines bevorstehenden Eissturzes vorherzusagen. Dabei bohrte man Stangen ins Eis und vermass deren Verschiebungen.

Da die Bewegung instabiler Eismassen vor einem Abbruch zunimmt, kann berechnet werden, wann sie abbrechen. So konnte im August 1973 der Zeitpunkt eines Absturzvolumens von 130 000 Kubikmetern erstmals prognostiziert werden.

Die Vergangenheit hat oft gezeigt, dass sich eine instabile Eismasse nicht als Ganzes löst, sondern in Teilen zu unterschiedlicher Zeit abstürzt. Die Ursache liegt im komplexen Bruchmechanismus und in der lokalen kritischen Massenverteilung. Teilabstürze reduzieren einerseits das Schadenpotenzial. Andererseits sind sie schwierig prognostizierbar. Dies machte das jüngste Ereignis am Bisgletscher im Jahr 2005 deutlich: Bereits im Herbst des Vorjahres zeichnete sich beim Hängegletscher eine grössere Instabilität ab. Daraufhin beschäftigten sich Gletscherforscher der ETH Zürich mit der Prognose des Eisabbruchs. Insgesamt waren am Bisgletscher 690 000 Kubikmeter Eis instabil. Am 23. März 2005 löste sich rund ein Sechstel davon; der Teilabbruch geschah eine Woche vor der Prognose. Beim Rest wurde eine progressive Beschleunigung beobachtet. Die instabile Eismasse bewegte sich kurz vor dem Abbruch am 30. März mit einem halben Meter pro Tag. Eine Bedrohung für die Gemeinde Randa bestand nicht, da in der 3000 Meter langen Sturzbahn zu jener Zeit nur geringe Schneemengen lagen.

Eine Eisabsturz-Prognose ist vergleichbar mit einer langfristigen Wetterprognose: Jeden Tag ändert sich das Resultat; je mehr sich jedoch der Abbruchzeitpunkt nähert, desto präziser wird die Prognose. Nur sind Eisabbrüche nicht so alltäglich wie das Wetter. Daher ist die Datengrundlage für Forschungszwecke äusserst spärlich. Nach heutigen Kenntnissen sind die Prognosen im besten Fall mit einer Ungenauigkeit von ein paar Tagen behaftet.

Wenn dem Berg übel wird

Verfolgt man die Chronik der Naturkatastrophen, von denen Randa in der Vergangenheit betroffen wurde, fällt auf, dass die Schadenereignisse mit der Zeit seltener und weniger folgenschwer aufgetreten sind. Fast scheint es, das Weisshorn sei gutmütiger geworden mit seinen Bewohnern im Tal. Bis am 18. April 1991. Dann grollte nicht mehr das Eis am Gipfel, sondern der Fuss des Bergs. In den frühen Morgenstunden lösten Erschütterungen beim Schweizerischen Erdbebendienst in Zürich Alarm aus. Riesige Felsbrocken, begleitet von dichten Staubwolken, stürzten vom Grossgufer und veränderten innert Minuten das Landschaftsbild des Nikolaitals. In den darauffolgenden drei Wochen kam der Berg nicht zur Ruhe. Er rutschte weiter ab, bis am 9. Mai der zweite Hauptsturz folgte. Geröllmassen von insgesamt 30 Millionen Kubikmeter – das sind 50 000 Einfamilienhäuser – begruben grosse Teile des Weilers Lerch mit 33 Landwirtschaftsgebäuden, Ferienhäusern und wertvollem Kulturland. Dabei wurden 30 Schafe und 7 Pferde verschüttet und die Verbindungsstrasse sowie die Eisenbahnstrecke nach Zermatt unterbrochen. Eine dicke Staubschicht bedeckte das Tal, Randa glich einem Geisterdorf. Doch es blieb nicht beim Ende mit Schrecken. Es war ein Schrecken ohne Ende, als das Geröll zusätzlich die durch das Tal fliessende Mattervispa aufstaute und verheerende Wasserausbrüche drohten. Mit Hilfe von Pumpen konnten diese vorderhand verhindert werden. Trotzdem kam es am 17. Juni in Ortsteilen Randas zu Überschwemmungen, weil nach langen Regenfällen das mitgeführte Geröll des Dorfbaches die Pumpen verschüttete.

Aus geologischer Sicht war der Bergsturz von Randa nichts Aussergewöhnliches:

Sturzbahn: Schwindelerregender Tiefblick vom Weisshorn-Ostgrat direkt hinab auf die Geröllhalde von 1991 und auf die grünen Matten von Randa. Blickt man hingegen von unten zum Weisshorn hoch (vgl. Foto auf Seite 115), ist die Gefahr nicht mehr so präsent. Losbrechende Eis- und Felsblöcke kümmern sich freilich nicht um Blickwinkel...

Katastrophen: Der Bergsturz von 1991 mit den verschütteten Wiesen und Häusern, mit der riesigen Staubentwicklung war das eine. Aber weil die Gesteinsmassen die Vispa stauten, kam es zu Überschwemmungen, trotz des eilends ausgehobenen Vispakanals. Am 7. Oktober 1992 wurde der Umleitungsstollen durchbrochen, womit die Überschwemmungsgefahr gebannt ist.

Vor allem die rechte Talflanke des Nikolaitals ist von nacheiszeitlichen Bergsturzereignissen geradezu überfahren und dadurch abgeflacht worden. Aussergewöhnlich ist aber die Tatsache, dass sich der Bergsturz von Randa aus der linken, wesentlich steiler aufragenden Talflanke gelöst hat.

Gemessen an der geologischen Zeitskala mit ihren enorm grossen Zeiträumen hat sich der Bergsturz von Randa etwa gleichzeitig mit allen, heute nahezu vergessenen, nacheiszeitlichen Bergstürzen ereignet. Nicht als alltäglich hat es aber die betroffene Bevölkerung von Randa erleben müssen, denn für die Menschheit ist ein Bergsturz ein sehr seltenes Ereignis. Bezogen auf die Schweiz sprechen Wissenschaftler von einem Jahrhundertereignis. Bezogen auf das ganze Wallis muss ungefähr alle paar Jahrhunderte mit einer Wiederholung gerechnet werden. Allein auf das Vispertal bezogen verlängert sich die statistische Wahrscheinlichkeit eines derartigen Bergsturzes bis zu einem Jahrtausend. Der Weiler Unner Lerch hätte sehr wohl bereits vor hundert Jahren durch den Bergsturz verschüttet werden können. Damals war er allerdings von bis zu zwanzig Menschen bewohnt. Der Zufall hat dem Ereignis glücklicherweise keinen Vorschub geleistet, und so hat der Bergsturz von Randa 1991 kein einziges Menschenleben gefordert. Die alpine Bergsturzgeschichte sieht trauriger aus: In Arth-Goldau wurde 1806 ein ganzes Dorf von 40 Millionen Kubikmeter Fels verschüttet, wobei 457 Menschen ums Leben kamen. 1881 starben in Elm 115 Menschen durch die Druckeinwirkung von 10 Millionen Kubikmeter herunterstürzender Gesteinsmassen. Der Bergsturz von Morignone im Veltlin 1987 begrub ein Dorf mit 40 Millionen Kubikmeter Fels und forderte 50 Todesopfer.

Nicht aus dem Nichts heraus

Bergstürze entstehen je nach Lage und Art der Gesteinsschichten, der Kluftsysteme und des Reliefs unterschiedlich. So handelte es sich etwa beim Bergsturz von Goldau um eine tiefgründige Felsrutschung, die, ausgelöst durch intensive Regenfälle, auf einer geologischen Schicht abgeglitten ist. Der Bergsturz von Elm wurde wiederum durch den jahrelangen, rücksichtslosen Abbau von Schiefer verursacht. Der Bergsturz von Randa war ein eher atypischer Bergsturz in Raten. Er ist die Folge nacheiszeitlicher Entspannungs- und Erosionsvorgänge. In der ausgehenden Würmeiszeit baute sich der gewaltige Eisdruck auf die Talflanken rasch ab, der Talboden wurde spätestens vor 10 000 Jahren endgültig eisfrei. Wasserzirkulation und Verwitterung

Gefahrentourismus: Idyllisch verläuft der markierte Weisshornweg neben dem Bisgletscher, und das Weisshorn scheint kaum ein Wölkchen zu trüben (rechte Seite). Doch genau gegenüber, in der grausam steinschlägigen Grabenguferrinne, musste der Europaweg im Jahre 2010 auf eine 250 Meter lange Hängebrücke verlegt werden (oben).

schwächten zusätzlich die Hangstabilität. In der Regel ereignet sich ein Bergsturz nicht plötzlich aus dem Nichts heraus, sondern er kündigt sich schon Tage oder Wochen im Voraus an, wie etwa durch zunehmende Stein- und Blockschlagaktivität. Wenn die Bevölkerung aufmerksam ist und die Behörde benachrichtigt, können rechtzeitig geeignete Sicherheitsmassnahmen wie Überwachung und Evakuation ergriffen werden. Im Fall von Randa war das Gebiet schon vor dem Bergsturz als Gefahrenzone bekannt. Bereits im Frühling zuvor waren vermehrt kleinere Felsabstürze beobachtet worden. Trotzdem konnte ein Absturz in dem Ausmass nicht vorausgesehen werden, da die Entwicklung von instabilen Zonen oft sehr komplex ist. Das nach dem ersten Sturz eingerichtete Warnsystem hat aber die Wirksamkeit von Beobachtungen deutlich unter Beweis gestellt. Neue Impulse für zuverlässige Frühwarnsysteme erhofft man sich heute von der Mikroseismik, mit der sich bereits geringe Erschütterungen im Untergrund feststellen lassen.

Fast vier Jahrhunderte nach der ersten dokumentierten Gletscherkatastrophe liegt das Dorf Randa immer noch dort, wo es einst erbaut worden ist. Ohne Schutzmauern trotzt es dem Eis und Fels des Weisshorns. Zwar gibt es heute Überwachungs- und Raumplanungskonzepte, welche die Sicherheit der Bevölkerung weitgehend gewährleisten. Doch das Restrisiko lässt sich nicht eliminieren. Für die Menschen von Randa ist diese Situation tragbar, denn sie haben seit je mit den Gefahren des Berges gelebt und werden es auch in Zukunft tun.

Ein Inventar für die Sicherheit

In Randa, aber auch in zahlreichen anderen Berggemeinden der Schweiz, müssen potenzielle Gefahrenherde kontinuierlich beobachtet werden, damit die Sicherheit von Siedlungen, Verkehrs- und Wanderwegen gewährleistet werden kann. Aus diesem Grund ist an der Versuchsanstalt für Wasserbau, Hydrologie und Glaziologie (VAW) der ETH Zürich ein Inventar gefährlicher Schweizer Gletscher erarbeitet worden, das zur Früherkennung und zum Risikomanagement von Gletschergefahren beitragen soll. Das Inventar umfasst 82 Gletscher, die in der Vergangenheit Schäden verursacht haben oder die eine mögliche Gefährdung darstellen. Schadenereignisse werden durch Gletscher- und Eisstürze, Gletscherhochwasser und Gletscherschwankungen verursacht. Die Gefahrentypen sind auch oft miteinander eng verknüpft. So kann eine an sich ungefährliche Längenänderung die Ursache für eine Eislawine bilden oder ein Gletscherhochwasser auslösen. Im Falle des Bisgletschers haben die Eis-Schnee-Lawinen nicht selten die Mattervispa aufgestaut und ein Hochwasser verursacht. Die historischen Abklärungen der Fachstudie ergaben, dass seit dem Ende des 16. Jahrhunderts in der Schweiz mindestens 440 Personen bei 21 Gletscherkatastrophen ihr Leben verloren. Bei 49 Gletschern sind bei ungünstigen Veränderungen in naher Zukunft Schadenereignisse an Siedlungen oder Verkehrsverbindungen möglich. In den Gefahrenbereichen dieser Gletscher können sich zudem permanent oder temporär viele Menschen aufhalten. Für zwölf dieser Gletscher wurde ein Überwachungskonzept ausgearbeitet, so auch für den Bisgletscher am Weisshorn.

Geoffrey Winthrop Young
«Weisshorn, Königin meines Herzens»
Eine Würdigung von Emil Zopfi

Der Sturz war lang, und er war das Ende – nicht seines Lebens, aber seiner grossen Laufbahn als Alpinist. Am 24. Juli 1935 verlor Geoffrey Winthrop Young (1876–1958) im Abstieg vom Zinalrothorn das Gleichgewicht und stürzte in die Tiefe. «Ein fortwährendes Sichüberschlagen über die Platten hinunter, inmitten eines Geknatters von Steinen und Metall.» Das wird man zwanzig Jahre später in «Meine Wege in den Alpen» lesen. Das Metall war die Prothese Youngs, der im Ersten Weltkrieg sein linkes Bein verloren hatte. Nach fünfundzwanzig Meter Sturz hing er unter einem Überhang im Leeren, verletzt am Ellbogen, doch das Hanfseil hatte gehalten. Gehalten hatte auch Josef Knubel, der legendäre Bergführer aus St. Niklaus und Führer Youngs auf vielen Erstbegehungen, und zwar mit der linken Hand, während er sich mit der rechten an einen Griff klammerte. Mit unerhörter Anstrengung gelang es ihm, das Seil um einen Zacken zu schlingen. Mit Hilfe des zweiten Führers Lagger und seines Freundes Marcus Beresford Heywood konnte Young mit komplizierten Seilmanövern aus seiner misslichen Lage befreit werden. Der mühselige, zehnstündige Abstieg nach dem Unfall war für ihn zugleich der Abschied aus den Alpen, in denen er so viele Spuren hinterlassen hat wie kaum ein britischer Alpinist vor oder nach ihm.
Auf dem Gipfel hatte er sich angesichts des Blicks auf die Berge rundum erinnert:

The alpinist as a young man: Porträt von Geoffrey Winthrop Young, kurz nachdem er 1898 Cambridge verliess; es ziert auch seine erste alpinistische Autobiografie «On High Hills». Die erste grosse Erstbegehung in den Alpen war die Westrippe des Grossen Gendarme am 7. September 1900, hier gesehen im letzten Tageslicht von der Cabane d'Arpitetta; die Rippe heisst heute Younggrat.

«Es waren hohe und vertraute Häupter: der Grand Cornier und der Pigne de l'Allée, meine ersten Besteigungen als Einzelgänger; gerade gegenüber die Dent Blanche mit ihrem Viereselsgrat, dessen Route wir neuerschlossen hatten; das Gabelhorn mit dem Grat der Wellenkuppe, die Theytaz und ich als Erste vollständig traversierten; das Matterhorn, meine erste Begegnung mit den Alpen als Junge, und sein Zmuttgrat, meine letzte Kletterei vor dem Weltkrieg in Herfords Gesellschaft; zu unseren Füssen der lange, zum Weisshorn führende Mominggrat, der Schauplatz meines schnellsten Rennens mit Knubel; und so weiter, bis hinüber zu den Südwänden des Dom und des Täschhorns, die wir als Erste erforschten, und auf der andern Seite zu den nicht weniger wohlbekannten Gestalten der freundlichen Oberländer Gipfel. Fast jede vereiste Nische dieser hohen

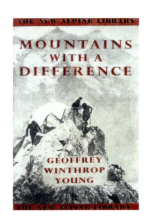

The miracle of finding myself: Trotz des amputierten Beines gab Young das Bergsteigen nicht auf. Mit einer Prothese begann er wieder zu klettern und auf hohe Berge zu steigen, und das Weisshorn sollte im August 1929 die Krönung dieses Wunders sein, doch die Lawinengefahr war zuletzt zu gross. Claude Eliott fotografierte Young und seine Führer auf dem Ostgrat; die Foto diente, nicht zufällig, als Titelbild für «Mountains with a Difference». Das Buch schildert vor allem Youngs Erlebnisse im Ersten Weltkrieg und die Touren mit der Prothese.

Firne war mit einem Erlebnis verbunden, und die meisten der Felsgipfel und Grate innerhalb Blickweite riefen immer noch lebendige Erinnerungen an gute Abenteuer hervor.»

Dachklettern und Affären

Geoffrey Winthrop Young ist sicher eine der schillerndsten Figuren der Alpingeschichte. Aufgewachsen in einer notablen Familie in der Grafschaft Berkshire in einem stattlichen Haus am Ufer der Themse bei Cookham, verbrachte er mit seinen vier Geschwistern eine glückliche Jugend. Sein Vater Sir George, ein Jurist und liberaler Politiker, war selbst passionierter Alpinist (Erstbegehung der Guggi-Route auf die Jungfrau, 1865), bis ein Bruder 1866 während einer gemeinsamen Tour am Mont Blanc ums Leben kam. Wichtig für Geoffreys Entwicklung war die deutsche Nurse Olga Wanda Bertha Holtzmann, in der Familie nur «Frau» genannt. Durch sie entwickelte sich Geoffreys Liebe zu Deutschland und zur deutschen Sprache, die zwei Weltkriege überdauerte. Obwohl ein britischer Patriot, war er auch ein grosser Europäer, der fliessend Deutsch, aber auch gut Französisch und Italienisch sprach. Mit seinem Vater unternahm er schon früh Wanderungen in den Bergen von Wales. Während der Studienzeit am Trinity College 1895–1898, wo er in klassischen Sprachen eher mässig abschloss, begann er zu klettern – in den Felsen des Lake District, aber auch auf den Dächern der Universitätsstadt. Eine Erfahrung, die sich 1899 in der Schrift «The Roof-Climber's Guide to Trinity» niederschlug. Dieser Führer und eine Medaille in einem Poesiewettbewerb legten den Grundstein zu seiner erfolgreichen Tätigkeit als Publizist, Buchautor und Journalist.

Die Studienzeit in der homoerotisch aufgeladenen britischen Internatsatmosphäre führte Young aber auch zu ersten homosexuellen Erfahrungen, die er im Londoner Soho, auf Reisen nach Berlin und Paris und während der Studienzeit in Jena auslebte. Laut seinem Biografen Alan Hankinson war Homosexualität auch der Grund für seine Entlassung als Lehrer am noblen Eton College in Berkshire, wo er 1902–1905 Sprachen unterrichtete. Auch eine Anstellung als Schulinspektor mit dem schönen Titel «His Majesty's Inspector» endete 1914 ebenso abrupt und wahrscheinlich aus demselben Grund. Hankinson schreibt, Homosexualität sei in jenen Jahren sehr verbreitet und teilweise auch offen praktiziert worden, obwohl sie laut damaligem Gesetz bei hoher Strafe verboten war. Auch unter Alpinisten waren homoerotische Beziehungen gang und gäbe. Young fürchtete aber, dass seine Neigung publik und in der Familie bekannt würde, und führte eine Art Doppelleben. Vermutlich war er bisexuell, denn im Jahr

---

Youngs neue Wege am Weisshorn

· Erste Überschreitung des Ostgratsattels (ca. 3460 m, auch Youngsattel genannt) zum Bisgletscher mit Felix Levi; Sommer 1900.
· Erstbegehung der Westrippe des Grossen Gendarme mit Benoît und Louis Theytaz (als Younggrat bekannt); 7. 9. 1900.
· Erster Abstieg über den Nordgrat mit Benoît und Louis Theytaz; 7. 9. 1900
· Neue, direkte Route durch die Südostwand mit Josef Knubel, V. J. E Ryan, Josef und Gabriel Lochmatter; 28. 8. 1905.
· Neue Route durch die Südostwand auf den Ostgrat mit R. G. Mayor und Josef Knubel; 21. 8. 1906.
· Erstbegehung der zentralen Rippe der Nordostwand (und gleichzeitig wahrscheinlich dritte Durchsteigung der Wand) mit Oliver Perry Smith und Josef Knubel; 31. 8. 1909

seiner Entlassung schlug er der Tochter Eleanor seines Freundes Cecil Slingsby, in die er sich verliebt hatte, die Heirat vor. Die erst 19-jährige attraktive Schauspielerin lehnte ab, obwohl sie den fast zwanzig Jahre älteren, gut aussehenden Mann verehrte. Trotzdem tauschten sie weiterhin romantische Briefe und Gedichte aus. Drei Jahre später heirateten sie und führten während vierzig Jahren eine glückliche Ehe, der die Tochter Marcia und der Sohn Jocelin entsprangen. Len, so wurde Eleanor immer genannt, wusste schon vor der Heirat um die homoerotischen Neigungen ihres Gatten, duldete seine Affären mit Männern; auch sie hatte Affären, die sie nicht verheimlichte. Die Youngs lebten in einer offenen Beziehung, in der manchmal auch die Fetzen flogen.

Matterhorn und noch mehr Weisshorn
Die Jahre von der Jahrhundertwende bis zum Ersten Weltkrieg waren alpinistisch Youngs hohe Zeit. 1904 stand er zum ersten Mal auf dem Matterhorn mit Führer Louis Theytaz, 1928 schaffte er es zum achten Mal und diesmal mit einem Bein. Mit Josef Knubel, dem irischen Alpinisten V. J. E Ryan und den Führern Josef und Franz Lochmatter kletterte er schon 1905 den schwierigen Furggengrat. Und im gleichen Sommer in derselben Partie gelang ihm am 28. August die Südostwand des Weisshorns. Ein Berg, mit dem ihn eine ganz besondere Beziehung verband: «Vor dem unvergleichlichen Weisshorn musste ich den Atem anhalten vor Staunen, nicht nur einmal, sondern immer wieder, wenn ich es von Norden, Osten oder Süden, den verschiedenartigen Seiten seiner herrlichen Gestalt, erblickte. Es vermochte unter den wirklichen Bergen am ehesten jenen ersten Glanz wiedererstehen zu lassen, mit dem die Vision der Berge als Kind vor mir erstand, lange bevor ich die grossen Gipfel in Wirklichkeit erblickte. Auf sieben verschiedenen Routen und einigen davon abgeleiteten Varianten bin ich an seiner silbernen Spitze hinauf- und hinabgestiegen, und ich weiss nicht einen Aufstieg, der nicht seine besondere Art und seine unvergesslichen Augenblicke

A mystery of solitude: Was wie ein Buchtitel oder eine Verszeile tönt, ist Youngs Bemerkung zum Tod von Georg Winkler in der Westwand des Weisshorns. Seine drei Wände sind im Buch «On High Hills» abgebildet. Aber nicht am Weisshorn ging Youngs alpinistische Karriere zu Ende, sondern 1935 am Zinalrothorn; beide Gipfel sind vereint auf einer geheimnisvollen Foto (folgende Doppelseite).

The three musketeers: Drei Alpinisten, die nach 1900 zu den allerbesten zählten – Franz Lochmatter, Geoffrey Winthrop Young und Josef Knubel (von links nach rechts). Die ersten Touren mit beiden Führern machte Young im Sommer 1905, so am Furggengrat des Matterhorns. Knubel war auch bei der letzten dabei, als er Young – und sich selbst – das Leben rettete.

hätte.» Das schreibt er 1929, nach seinem letzten einbeinigen Besteigungsversuch, den er kurz unter dem Gipfel abbrechen musste wegen Erschöpfung und Lawinengefahr. Mit Wehmut erinnerte er sich in «Mountains with a Difference» der sieben Besteigungen, die ihm gelungen waren, davon vier auf neuen Routen, nebst den zwei Anstiegen durch die Südostwand auch die direkte Nordostwand und eine vom Grossen Gendarme des Nordgrats nach Westen hinabziehende Rippe, heute Younggrat genannt. Einen Younggrat gibt es auch am Zermatter Breithorn, 1907 erstbegangen; er gilt noch immer als eine der schönsten Grattouren der Alpen.

Täschhorn-Südwand und Knubelriss am Grépon

Mit Josef Knubel (1881–1961) aus St. Niklaus verband Young eine lebenslange Freundschaft; der klein gewachsene, aber überaus kräftige Bergführer, der seinen Lebensunterhalt auch als Steinbruch- und Bauarbeiter bestritt, ist selber eine Legende. Mit ihm, Ryan und den Gebrüdern Lochmatter kletterte Young am 11. August 1906 seine wohl gefährlichste Route durch die Südwand des Täschhorns bei schlechtem Wetter und in schwierigstem Gelände – als eigentlichen Alptraum schildert ihn Young in «On High Hills». Die Route wurde erst 37 Jahre später mit Hakenhilfe wiederholt. Abends um sechs Uhr erreichen sie den Gipfel. «Franz trat mir entgegen, wir schüttelten einander die Hände. ‹Etwas Schwereres als das können Sie nicht mehr unternehmen, Franz!› ‹Nein›, antwortete er nachdenklich, ‹viel mehr könnte ein Mann nicht tun.›»
Eine brillante Leistung zeigte Knubel auch bei der Erstbegehung der Mer-de-Glace-Wand am Grépon am 19. August 1911, heute noch immer eine der grossen klassischen Routen im Mont-Blanc-Gebiet. Die Schlüsselstelle im oberen fünften Grad, den «Knubelriss», meisterte der Führer, indem er seine Pickelspitze wie einen Haken in den Riss rammte. Die Gréponwand bildete den Abschluss eines grossen Bergsommers mit einigen Erstbegehungen im Mont-Blanc-Gebiet, so den Hirondellesgrat (im Abstieg) und den Westgrat an den Grandes Jorasses inklusive Traversierung des westlichsten, von Ryan und den Gebrüdern Lochmatter erstbestiegenen Gipfels, in der Folge Pointe Young (3996 m) genannt, und den Brouillardgrat am Mont-Blanc über den Col Emile Rey.

Beinverlust und Heirat

Der Erste Weltkrieg bedeutete das vorläufige Ende von Youngs Alpinistenlaufbahn. Als Kriegsberichterstatter für die Zeitung «Daily News» berichtete er von den ersten Kämpfen an der Westfront. In der fast vollständig zerstörten belgischen Stadt Ypern begann er mit der Organisation von Ambulanzen von Freiwilligen, den Friend's Ambulance Units. Von 1915 bis 1917 war er mit dieser Einheit, die aus Kriegsdienstverweigerern bestand, im Einsatz an der Isonzo-Front in Norditalien auf Seiten der Italiener. Am 31. August 1917 verletzte eine österreichische Granate am Monte San Gabriele sein linkes Bein so schwer, dass es kurz darauf oberhalb des Knies amputiert werden musste, wie er in «Meine Wege» festhält. «Der Monte San Gabriele bildete die letzte Bergbesteigung meiner aktiven Jahre; ich habe aber seinen Gipfel nie erreicht, wie denn auch keine der beiden grossen Armeen in diesem Schlachtendrama sich seiner zu bemächtigen vermochte.» Nur seine durchs Bergsteigen gestählte Form habe ihm das Leben gerettet, schreibt er, sie rettete ihn auch vor einer Attacke der Österreicher, während derer er auf Krücken fliehen musste.

Zurück in London, fand die Heirat mit Len am 25. April 1918 während eines heftigen Luftangriffes statt.

Die Youngs lebten bescheiden zur Miete, er bestritt den Lebensunterhalt als freischaffender Autor. Eine vom Premierminister versprochene Pension für den schwer versehrten Kriegshelden traf nie ein – und verstärkte sein Misstrauen gegen Politiker aller Couleur. Er veröffentlichte Gedichte, Artikel und 1920 das Buch «Mountain Craft», ein 600-seitiges, auch ins Deutsche übersetztes Lehrbuch über alle Aspekte und Techniken des Bergsteigens, das hoch gelobt wurde. Zeitweise arbeitete er als Berater für die Rockefeller Foundation, die sich mit Projekten zur

A hill: Titel eines der insgesamt 28 Gedichte von Young aus dem 1909 publizierten Band «Wind and hill». Zwei Zeilen, die zum Sonnenaufgang in der Südostwand des Weisshorns, fotografiert von der Weisshornhütte, passen könnten: «Only a hill: but all of life to me,/up there, between the sunset and the sea.» In dieser Wand fanden Young und seine Führer zwei neue Routen.

The world all beams at us, up here: Das schrieb Young seiner Verlobten Eleanor Slingsby kurz vor der Hochzeit am 25. April 1918. Mit Len fand Young ein neues Glück. Die Foto zeigt Geoffrey und Len in North Wales, wie er sein künstliches Bein testete. Die Welt, die uns hier oben anstrahlt: Blick vom Aufstieg aufs Aletschhorn zu Youngs liebsten Bergen – Matterhorn und Weisshorn (rechte Seite).

Entwicklung von Wissenschaften und Kultur im kriegsversehrten Europa engagierte. In Bologna liess er sich Beinprothesen anfertigen, ein sogenanntes «polite leg» für den Alltag und ein «peg leg» fürs Bergsteigen, das er auf Touren in Wales und im Lake District ständig verbesserte. Je nach Untergrund konnte er die Länge verstellen, im Rucksack trug er verschieden gearbeitete «Füsse» mit: weiche aus Gummi oder Leder zum Klettern, Metallspitzen für Eis oder tellerförmige für weichen Schnee. Schon an Ostern 1919 gelang ihm der erste «one-leg-climb» in Wales. Zehn Jahre nach seiner Verwundung kehrte er wieder in sein geliebtes Wallis zurück, kletterte 1927 mit Franz Lochmatter am Riffelhorn und konnte einige schöne Touren in den Alpen durchführen, stets langsam und von den Führern gesichert und gelegentlich gestützt, bis zum fatalen Sturz acht Jahre später am Zinalrothorn.

Mallory-Freund und Clubpräsident
Seine Reputation als Alpinist und seine geniale Fähigkeit als Organisator machten Geoffrey Winthrop Young zu einer der führenden Persönlichkeiten im britischen Alpinismus der ersten Hälfte des 20. Jahrhunderts. Schon 1890 war er Mitglied des Alpine Club geworden. In einem Hotel am Pen-y-Pass in Snowdonia, Nordwales, organisierte er zwischen 1907 und 1947, unterbrochen von den Weltkriegen, Zusammenkünfte britischer Kletterer und ihrer Partnerinnen, zum Diskutieren, Erzählen, Rauchen, Trinken und Singen – und zum Klettern natürlich. Zu den Gästen zählten neben der Elite des britischen Alpinismus auch der Physiker Ernst Rutherford, der Ökonom John Maynard Keynes und der Schriftsteller Aldous Huxley. Auch George Mallory (1886–1924), ein intimer Freund und Protegé von Young, war oft mit dabei. Bei den Plänen für die Expeditionen zum Everest hatte Young ein gewichtiges Wort mitzureden und wäre ohne seine Behinderung sicher dabei gewesen. Er ermutigte Mallory, an der ersten Expedition von 1921 teilzunehmen, auf der dieser den Nordsattel erreichte. Youngs Vorschlag, Josef Knubel als Führer zu engagieren, wurde vom Mount Everest Committee abgeschmettert mit der Bemerkung, man wolle «British all through» bleiben. Mallory entwickelte eine eigentliche Hassliebe zum höchsten Berg der Erde, und er hatte vor der Expedition 1924 ein ungutes Gefühl, schrieb er doch einem Freund: «This is going to be more like war than mountaineering. I don't expect to come back.» Young riet dem jungen Familienvater ab, nochmals auf Expedition zu gehen. Im Gipfelaufstieg am Nordostgrat verschwanden Mallory und sein Begleiter Andrew Irvine. Young neigte jedoch zeitlebens zur Ansicht, die beiden hätten den Gipfel erreicht. Er erinnerte sich an eine gemeinsame Gewalttour mit Mallory und Donald Robertson von 1909, als sie nach der Überschreitung des Unterbächhorns beschlossen hatten, trotz vorgerückter Stunde noch

To mountains, that have given me a kingdom of reality: So beginnt die poetische Würdigung in Youngs Gedichtband «Wind and hill». Zu Ehren der Berge – und der Bergsteiger: Beim Bergführerdenkmal neben der Kirche von St. Niklaus ist auch die Tafel mit «British climbers of St. Niklaus guides» angeschraubt (Ausschnitt); Young kannte alle und kletterte mit vielen.

den bisher nur im Abstieg begangenen Südostgrat des Nesthorns anzupacken. Das ganze Unternehmen dauerte 22 Stunden. «Ich zweifle nicht, dass Mallory die gleiche Entscheidung traf wie damals in ähnlichen Umständen am Nesthorn. Deshalb denke ich, sie haben möglicherweise den Gipfel erreicht», schrieb Young in einer Fussnote im Buch «On High Hills».
Nebst der Mitgliedschaft im eher konservativen Alpine Club, den er während des Zweiten Weltkriegs auch präsidierte, war er auch Präsident des Climbers' Club, der das sportliche Felsklettern förderte und die ersten Kletterführer herausgab. 1945 war Young ein Promotor des British Mountaineering Council, der Dachorganisation aller britischen Bergsteiger und Bergsteigerorganisationen mit heute um die 70 000 Mitgliedern.

Erzieher und Kritiker

Nach Hitlers Machtergreifung 1933 reiste Young mit einer Delegation durch Deutschland und besuchte unter anderem das Konzentrationslager Dachau bei München. «Wie Mittelalter» erlebte er das, obwohl man ihnen die schlimmsten Teile gar nicht zeigte. Über die Natur der Naziherrschaft machte er sich keine Illusionen, soweit es ging, hielt er Kontakt mit befreundeten Antifaschisten in Deutschland, von denen

viele schliesslich Opfer des Regimes wurden. Es gelang ihm jedoch, Kurt Hahn, einen fortschrittlichen jüdischen Pädagogen und Leiter der Eliteschule Schloss Salem in Baden-Württemberg, nach England zu holen, bevor ihn die Nazis deportierten. Mit ihm gründete er die Gordonstoun School in Schottland, ein fortschrittliches Internat, das unter andern auch Prinz Charles und sein Vater besuchten.
Young war ein engagierter Kritiker des britischen Schulsystems, schon mit George Mallory, der Lehrer war, hatte er Anfang der Zwanzigerjahre das Projekt einer «idealen Schule der Zukunft» skizziert. Ein halbes Jahr Unterricht und während der Sommermonate Schule in Camps mit Aktivitäten in der Natur und mit Handwerk. Wandern und Klettern spielten dabei eine wichtige Rolle. Es sollte auch mehr Kooperation zwischen Eltern und Lehrkörper geben, die Schule sollte keine weltfremde Institution sein, sondern eingebunden in das Arbeitsleben der Umgebung und in die Landwirtschaft. Noch im fortgeschrittenen Alter förderte Young die Bildung junger Menschen in der Natur, unter anderem die Gründung von Outdoor Education Centres, von denen es inzwischen im Vereinigten Königreich eine grosse Zahl gibt.

«The unrivalled Weisshorn»

Mit der Zeit wurde der Rastlose ruhiger, hielt Vorträge, schrieb Artikel, publizierte 1951 unter dem Titel «Mountains with a Difference» seine Erlebnisse als Alpinist mit Beinprothese. Einige Kapitel aus diesem Buch sowie aus «On High Hills» erschienen auf Deutsch unter dem Titel «Meine Wege in den Alpen». Young verfasste auch eine Autobiografie, «The Grace of Forgetting», sowie Gedichtbände. Eine Spende aus der Schweiz, vermittelt durch den Alpinisten und Autor Charles Gos,

ermöglichte dem Ehepaar Young im Jahr 1948 eine Europareise, vor allem in die Walliser Alpen, wo er alte Freunde wie Josef Knubel wieder traf. Und seine geliebten Berge. Vom Gornergrat beeindruckte ihn vor allem einer: «The unrivalled Weisshorn – queen of my heart, now as then». Reisen nach Griechenland, Spanien, Neuseeland folgten. Viele Ehrungen für die «elderly celebrity, second class», wie er sich selbstironisch bezeichnete, unter anderen ein Ehrendoktortitel und ein Buchpreis für seine Autobiografie.

Neue Entwicklungen im Alpinismus verfolgte Young eher skeptisch, seine romantische Vorstellung vom Bergsteigen sah er mehr und mehr durch «seelenlosen Sport» verdrängt. So kritisierte er hart die Erstbesteigung der Annapurna durch eine französische Expedition 1950, deren Gipfelteam mit schweren Erfrierungen zurückkehrte. Und selbst der britische Erfolg am Everest 1953 war ihm suspekt,

man hatte doch seinen Freund Eric Shipton als Expeditionsleiter übergangen, und auf dem Gipfel standen schliesslich der Neuseeländer Edmund Hillary und der Nepalese Tenzing Norgay.

Ab 1954 litt Young an Magenkrebs, und das raue Klima an ihrem Wohnsitz in Cambo in Northumberland machte ihm zu schaffen. Das Ehepaar suchte eine Lösung und fand ein Haus im Süden – ihr erstes eigenes. Das mittelalterliche Bauernhaus in Grovehurst, Kent, war ohne Heizung und mit niedrigen Räumen und Treppen sehr unpraktisch für ein älteres Ehepaar und Geoffreys Behinderung, doch entsprach es ihren romantischen Vorstellungen. Gern sass er im Garten und schaute seinen Enkeln beim Spielen zu. Am 6. September 1958 starb er in einem Pflegeheim in London an den Folgen der Krebserkrankung. Seine Frau Len und sein Sohn Jocelin zerstreuten seine Asche in den Hügeln um den Pen-y-Pass.

The snow queen of the Alps: Bezeichnung von Young für «sein» Weisshorn. Er fand sie dann, als er zum ersten Mal den Gipfel erreichte, über den Nordgrat, wie die beiden Alpinisten hier. Schneekönigin der Alpen – diesen Titel trägt das Weisshorn sicher gerne.

Traversierung im August 2009
Schaligrat rauf, Ostgrat runter
Eine Reportage von Matthias Huss und Fabian Lippuner

Die drei Grate des Weisshorns übten auf uns schon immer eine immense Anziehungskraft aus. Von überall erblickt man sie! Im August 2009 endlich ein stabiles Hoch: Wir planten, das Weisshorn über den Nordgrat von der Tracuithütte aus zu besteigen. Letztere ist jedoch komplett ausgebucht, darum fassen wir die anspruchsvollere Route von Süden – über den legendären Schaligrat – ins Auge. Eine Entscheidung, die sich lohnen sollte! (links, mit Blick auf die hintereinander gestaffelten Schalihörner, Pointes de Moming, Zinalrothorn und ganz hinten Matterhorn)

Auch in Zeiten von Goretex und GPS ist der Schaligrat eine lange, anstrengende Hochtour. Mindestens drei Tage, Fitness für rund 3500 Höhenmeter im Auf- und Abstieg, sehr solide alpinistische Kenntnisse sowie sicheres Wetter sind Grundvoraussetzung.

Unser Weisshorn-Abenteuer beginnt an einem heissen Sommernachmittag in Zermatt. Beim Aufstieg zur Rothornhütte SAC, bepackt mit schweren Rucksäcken, tauchen wir allmählich in die Hochgebirgswelt ein (rechts unten). Die Farbe Grün streichen wir für die nächsten 48 Stunden aus der Farbpalette. Ab der Moräne, welche zur Rothornhütte auf 3198 Meter führt, dominiert Felsgrau und Gletscherblau. Nach einer kurzen Nacht werden fast alle Hüttengäste das Zinalrothorn anvisieren – wir haben andere Pläne (rechts oben).

Über das Obere Äschhorn erreichen wir den Hohlichtgletscher. Vor uns liegen, wenig einladend, die frisch verschneiten Schalihörner (3974 m, links oben). Ihre Überschreitung ist unser Eintrittsticket – und dieses ist nicht geschenkt! – zum majestätischen Weisshorn (rechts oben).

Der berüchtigte Abstieg zum Schalijoch-Biwak verlangt uns einiges ab. 10 Zentimeter Neuschnee zwingen uns zur Kletterei mit Steigeisen und erschweren die Routenfindung. Unzählige Türme wollen überstiegen oder umgangen werden, die steilsten Abbrüche können wir an Normalhaken oder windigen Blockschlingen abseilen. Solide Bohrhaken sucht man hier vergebens (unten links und rechts). Am frühen Nachmittag betreten wir erleichtert den Schneesattel des Schalijochs.

Am Beginn des Schaligrates, wenige Höhenmeter über dem sanften Schalijoch, klebt die gleichnamige, achtplätzige Biwakschachtel (rechts unten). Ausspannen, auf dem Gaskocher Tee und Pasta kochen, die ersten, einfachen Meter am Schaligrat auskundschaften – den Nachmittag vor der exklusiven Loge verbringen wir geruhsam (links unten). Es ist ungewöhnlich warm auf fast 4000 Metern.

Im T-Shirt beobachten wir eine Gruppe von vier Franzosen, die in unseren Fussstapfen vom Schalihorn absteigt. Zum Sonnenuntergang färben sich die Gipfel vom Schalihorn über die Dent Blanche und den Grand Cornier bis zum Mont Blanc hin rosa und purpurrot (oben). Nach dem Lichtspektakel machen wir es uns in den Wolldecken bequem; zu sechst sind die Platzverhältnisse grosszügig.

Kurz vor der Dämmerung verlassen wir das Biwak – auf geht's an den Schaligrat! Die ersten Meter folgen wir einer Wegspur im Geröll, eine kurze, steile Kaminstufe, und wir stehen wenige Minuten vor Sonnenaufgang auf der Gratschneide vor der ersten Schlüsselstelle: Am grauen Turm führt eine anhaltende, plattige Seillänge im vierten Grad über die 4000-Meter-Marke hinaus (rechts). Die Finger sind noch kalt, bald aber erwärmt uns die Kletterei und das Anbringen der mobilen Absicherung. In der goldenen Morgensonne, die zuerst das Matterhorn und dann uns erwärmt (oben), macht die Kraxlerei immer mehr Spass. Der Schaligrat wird seinem guten Ruf gerecht: Turm an Turm reiht sich der bemerkenswert gemusterte, feste Gneis (unten). Nur wenige Stellen erfordern Standsicherung, meist klettern wir am halblangen Seil, zwischen uns jeweils kleinere Friends oder Zackenschlingen.

Im Westen erwacht der Mont Blanc und in der Tiefe das Tal von Zinal (oben), gegen Osten erscheinen die höchsten Schweizer Viertausender. Mit jedem Höhenmeter wird die Szenerie atemberaubender – und die Luft in den Lungen dünner. Zum Glück sind die Felsen trocken und eisfrei, die wenigen Schneeabschnitte eiern wir ohne Steigeisen hinauf; total ausgeapert ist der Schaligrat am leichtesten zu begehen. Wir überklettern die letzten luftigen Gendarmen (links), bevor ein letztes, leichtes Wändlein vollends zum gusseisernen Kruzifix leitet (unten links und rechts) – wir sind am Gipfel! Umkehr-, aber noch lange nicht Endpunkt der Tour …

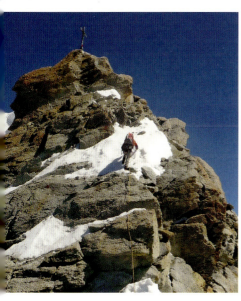

Noch warten satte 3100 Höhenmeter Abstieg vom Weisshorngipfel (4506 m) über den Ostgrat nach Randa auf uns (unten links). Nach einer ausgiebigen Gipfelschau bei Windstille und Temperaturen weit über dem Gefrierpunkt nehmen wir den obersten, verfirnten Gratabschnitt in Angriff (links). Blankeis schimmert unter der weichen Schneeauflage, die Steigeisen greifen nicht immer auf Anhieb. Über einen schmalen Schneegrat erreichen wir schliesslich die handwarmen Felsen des Ostgrates (rechts). Die zahlreichen Bohrhaken der Normalroute geben Sicherheit, und wir gehen zügig am kurzen oder halblangen Seil, beim Frühstücksplatz verlassen wir den Grat in die brüchige Südflanke. Letztes alpinistisches Pièce de résistance ist der Übergang auf den schwindenden Schaligletscher – knapp vier Stunden nach dem Aufbruch vom Gipfel tanken wir bei der Weisshornhütte (2932 m, unten Mitte) ein kühles Rivella und neue Kräfte.

Die Nachmittagssonne begleitet uns den Hüttenweg hinunter, und bald empfängt uns das erste Grün (unten rechts). In Randa heben wir zwei grosse, wohlverdiente Kübel Bier auf zwei unvergessliche Tourentage an den Graten des Weisshorns.

Geschichten vom Gipfel
«Bist du obe?»
Eine Leseerfahrung von Daniel Anker

John Tyndall war der Erste: besteigend und beschreibend. «I opened my note-book to make a few observations, but I soon relinquished the attempt.» Er dürfte nicht der Einzige gewesen sein, der auf dem Gipfel des Weisshorns vergeblich das Notizbuch gezückt hat – viel Platz zum Sitzen gibt es dort oben ja nicht. Was man oben erfasste, wurde wohl meistens unten verfasst. Die ganze Beschreibung einer Besteigung sowieso. Bei beiden nimmt der Gipfel einen ganz besonderen Platz ein: nämlich das ganze Spektrum von Glück bis Angst, von Hunger bis Erschöpfung, von Sonnensicht in blaue Ferne bis Nebelblick ins weisse Inferno. Gipfelliteratur am Beispiel des Weisshorns. Mit berühmten und unbekannten Bergsteigern und Alpinistinnen.

Suche
«Wir haben nun entschieden das Gefühl, dass sich der Gipfel hier irgendwo in der Nähe befinden sollte. Nur der Gipfel selbst scheint davon nichts zu wissen und entzieht sich hartnäckig unseren Blicken.» Josef Nadai im Bericht über die erste Winterbegehung des Schaligrates an Ostern 1949, zusammen mit Hans Rein und Ernst Schulthess, geschildert in «Die Alpen» von 1949. Weisshorn-Artikel waren damals schwer en vogue, im Durchschnitt druckte die Zeitschrift des Schweizer Alpen-Clubs SAC einmal pro Jahr einen solchen. Um sieben Uhr abends können sich die drei Zürcher Alpinisten «auf dem Gipfel die Hände reichen. Für weitergehende Gemütsbewegungen bleibt uns leider wenig Zeit.» Die «Gipfelstunde» dauert gerade mal fünf Minuten.

Glaspalast
«Wie lange schlug ich schon? Lange, lange! tönte die Antwort. Wie vieler Schläge bedarf es noch? Vieler, vieler! klang's aus dem Eise. Weltenhoch über mir, unbeweglich, der blitzende Gipfel! Schlag um Schlag, Hieb um Hieb, ohne Rast, ohne Ruh – gipfelwärts! Da endlich, endlich schmolz die Gipfelspitze zusammen zu einem Glaspalast aus dem Märchenlande, und dann gar zu einem Zuckerhut, und jetzt – der Gipfel ist unter mir!»
Ausschnitt aus einem Bergbuch mit vielen Ausrufezeichen und mit einem Titel, der

«Du bist oben auf dem formenschönsten aller Berge»: Foto von Frédéric Boissonas aus dem Buch «Les Alpes valaisannes» (oben); «Hoch über mir glänzte der Weißhorngipfel wie eine Lanzenspitze» (linke Seite): Beide Zitate stammen aus dem Buch «Sonnennähe – Erdenferne» von Ernst Schulze von 1928, und beides ist am Weisshorn zutreffend wie selten sonst.

«Das Weisshorn ist von unbeschreiblicher Grazie, und wir glauben nicht zu viel zu sagen, wenn wir unter dem gesammten Bergesvolk Helvetia's, die angebetete Jungfrau selbst nicht ausgenommen, ihm den höchsten Preis der Anmuth, den Triumph der Schönheit vindiziren»: E.J. Häberlin schwärmte in «Gletscherfahrten in Bern und Wallis im Sommer 1869», abgedruckt im Jahrbuch des Schweizer Alpen-Clubs SAC von 1869, über das Weisshorn. Bruno Nedela aquarellierte es 100 Jahre später (Ausschnitt).

doch wie gemacht scheint fürs Weisshorn: «Sonnennähe – Erdenferne» (1928). Alleine steht Ernst Schulze «oben auf dem formenschönsten aller Berge». Oben statt unten.

Augenweide

«Noch einige Schritte tiefen Watens in dem sich häufenden Schnee und die Spitze ist betreten, schrankenlos thronen wir im All.» So beginnt der Abschnitt der Gipfelbeschreibung von Johann Jakob Weilenmann im dritten Band seiner gesammelten Schriften «Aus der Firnenwelt» (1877). Auf knapp sechs Seiten gibt er eine genaue Beschreibung der Aussicht bis nach «Frankreichs dunstverlorenen Gauen» sowie vom Gipfelblick ganz allgemein. Ein Prachtswetter muss am 13. August 1873 geherrscht haben. Nach einer halben Stunde drängt der Führer Alois Pollinger – ein ziemlich untauglicher Träger kam auch noch mit, Weilenmann nennt seinen Namen netterweise nicht – zur Rückkehr. «Unsäglich hart kam es mich an, von der hehren Augenweide schon wieder mich trennen zu sollen, nachdem ich kaum davon zu naschen begonnen.» Aber diese 30 Minuten nützte Weilenmann voll aus, um das, was er sah und spürte, später niederzuschreiben. Oder machte er dies schon oben? Das verrät er uns leider nicht.

Frage

«Bist du obe?» fragte Fuchs von hinten. «Emel gsehn i wit und breit nüt so höch wie mir.»
So einfach kann man das eigentlich sagen, wenn man ganz oben ist. Die Frage stellt Bergführer Fritz Fuchs aus Lauterbrunnen seinem Berufs- und Dorfkollegen Adolf Graf, welche die Berner Heinrich Dübi und Fritz Wyss am 22. Juli 1876 von der Hütte am Hohlicht, der ersten Weisshornhütte,

auf den Gipfel führen. Dübi gefällt die Aussicht nicht sonderlich, wie er im SAC-Jahrbuch von 1877 bemängelt: «Hier aber ist nichts als unendliche Wildniss.» Dübi verfasst den ersten SAC-Führer, worin auch das Weisshorn behandelt wird: Clubführer durch die Walliser Alpen, Band II, «Vom Col Collon bis zum Col de Théodule», 1916; 1922 erscheint er in französischer Übersetzung.

Einzigartigkeit

«Le panorama dont on jouit du sommet du Weisshorn ne peut être comparé à aucun point de vue de nos Alpes.»
Davon ist der Genfer François Thioly überzeugt. Und er hat schon einige herausragende Gipfel der Schweiz besucht, bevor er am 30. Juli 1867, begleitet von den Führern Peter Taugwald, Josef Mooser und vom Träger Josef Taugwald, auf dem Weisshorn steht: Dufourspitze, Breithorn, Jungfrau (auf einer neuen Route), Finsteraarhorn, Alphubel, Grand Combin. 1868 wird er als erster Schweizer Tourist das Matterhorn besteigen. Thioly war einer der Gründer der Section Genevoise des Club Alpin Suisse und ihr erster Präsident. Im fünften Jahrbuch des SAC von 1868 berichtet er von der Besteigung des Weisshorns, beschreibt ausführlich das Panorama und bedauert einzig, dass der Club noch nicht «une bonne cabane» errichtet habe, um den Zustieg zu erleichtern.

Himmelsblau

«Punkt 11 Uhr betreten wir den Gipfel mit der Empfindung ungemischter Freude über den gelungenen Aufstieg. Ich emancipiere mich von der fast obligatorisch gewordenen Beschreibung der Rundsicht, etwaige Wißbegierige auf früher erschienene Berichte über das Weißhornpanorama verweisend, und begnüge mich mit der Erwäh-

«La pureté des lignes, leur ordonnance confèrent un sentiment de puissance et d'équilibre que je n'ai rencontré sur aucun autre sommet»: Eugène A. Robert über die Einzigartigkeit des Weisshorn-Gipfels, zu Papier gebracht in der SAC-Zeitschrift «Die Alpen» von 1930. «Nordgrat des Weisshorns», Foto von Emil von Waldkirch, 1943. «I have never been on a mountain-top which seems so isolated from the rest of the world»: John Hawthorn Kitson erreichte 1871 das Weisshorn als Erster über die Nordostwand. Die isolierte Spitze, fotografiert vom Kleinen Matterhorn (folgende Doppelseite).

nung der Thatsache, daß wir wohl eine Stunde rücklings auf den Felsen lagen, in das Blau des Himmels über uns, auf die wogende Schneewelt zu unsern Füßen blickend.»
Essen müssen der Zürcher Medizinstudent Hans Biehly und der Saaser Bergführer Heinrich Burgener, Sohn des berühmten Alexander Burgeners am 21. September 1898 nach der ersten Begehung des viel umworbenen Nordgrates nicht mehr. Das haben sie schon nach Überwindung des Grossen Gendarme gemacht: Sie stürzen sich «gierig auf die Rucksäcke, um eine reich getrüffelte, aber etwas stark gesalzene Leberwurst, Marke ‹Triumph›, zu verschlingen. Ein nachfolgender Schluck Kaffee soll den Salzgeschmack lindern. Doch, o Jammer! Der Inhalt beider Flaschen ist gefroren.» Ebenfalls kein Glück hat Biehly mit der Flasche Champagner extra dry, mit der in Randa unten auf die vielleicht schönste Tour am Weisshorn angestossen werden soll: Burgener meint, so Biehly im SAC-Jahrbuch von 1898, er habe noch nie so schlechten Wein getrunken. Dr. med. Biehly – 1901 klettert er als Erster über den Wildelsigengrat am Balmhorn – stirbt 1922 bei einem Autounfall.

«Die grandiose Pyramide, von Nordosten ein weißes Dreieck, von Südosten und Südwesten felsig mit Firncouloiren und nur nach Neuschneefall eisig weiß, an der Nahtstelle der steilen Flanken mit atemberaubend scharfgeschnittenen Graten – der Idealberg schlechthin»: Sagt einer, der es wissen muss; Richard Goedekes Führer «4000er. Die Normalwege», erstmals 1990 aufgelegt, ist ein moderner Klassiker. «Weisshorn» von Remo Patocchi, Lugano; gemalt 1939, ausgestellt an der dritten schweizerischen Ausstellung alpiner Kunst in Bern 1940, reproduziert in «Die Alpen» 1941.

Abgehobenheit

«Nous étions comme arrachés au monde sensible. Parfois, du haut de quelque cime d'où le panorama se déroulait majestueux, j'avais eu des sensations d'infini, mais jamais aussi puissantes qu'en ce moment où perchés à 4512 mètres, entre ciel et terre, nous n'apercevions plus ni ciel ni terre. Ce n'étaient plus des sensations d'alpiniste, mais d'aéronaute.»

Das Weisshorn sozusagen als Zeppelin, der Bergsteiger als Luftschiffer – ein mutiger, aber nachvollziehbarer Vergleich. Der Genfer Ernest Christen ist nicht der Erste, der sich auf dem zugespitzten Gipfel, von Wolken- und Nebelschwaden eingehüllt, wie abgehoben von dieser Welt fühlte. Spätestens beim Abstieg kehrt die Wirklichkeit schlagartig zurück. Christens 40-seitiger Bericht über «une ascension au Weisshorn» macht den Auftakt im «L'Écho des Alpes», der Zeitschrift der französischsprachigen SAC-Sektionen. Das erste Heft von 1903 ist ganz dem Weisshorn gewidmet – eine, wie die Redaktion schrieb, «aussergewöhnliche Ehre». Es hat sie verdient, n'est-ce pas?

Höhepunkt

«Die freistehende Lage des Berges macht das Erklimmen des finalen Gipfelgrates zu einem Gang, dem alles Irdische entrückt ist. Mit dem Gefühl, am Rande des Himmels angekommen zu sein, betritt man den Gipfel.

Ja, ‹mein› Berg ist mir wirklich gut gesinnt. In beispielloser Offenherzigkeit breitet die zarte weisse Spitze seines herrlichen Baues alle Geheimnisse ihres Reiches vor mir aus. Alles, was zwischen der wuchtigen Kuppe des Mont Blanc und der weissen Haube des Galenstocks auch nur die bescheidenste Rolle spielt, zwingt die hochpostierte und freigestellte Warte, auf der wir stehen, in das Blickfeld unserer Augen. Nichts übertrumpft uns mehr an Höhe; den paar Gipfeln, die im topographischen Rang noch etwas höher gestellt sind, nimmt die Distanz die Überheblichkeit.»

Welcher nicht mehr ganz junge Bergsteiger kennt das Buch nicht? «Glückliche Tage auf hohen Bergen. Die Viertausender der Schweizer Alpen» von Walter Schmid – ein Klassiker der Schweizer Bergliteratur, 1951 erstmals erschienen, 1953 auf Französisch herausgekommen, unter dem weniger hochtrabenden Titel «Au vent des quatre mille: dans les Alpes suisses». Heute ist das Buch auf zvab.com, ebay.de, ricardo.ch etc. immer noch erhältlich, genauso wie «Komm mit mir ins Wallis», ein anderer Bestseller von Schmid. Seine grosse Liebe und grösste Verehrung gehörte dem Weisshorn. «Über seine touristische Chronik weiss ich besser Bescheid als über die Geschichte meiner Familie, und seine Missetaten sind mir ebenso geläufig wie die meinigen.» Ob das der verehrte Gipfel gewusst hat?

Unendlichkeit

«Weisshorn – jahrelang erstrebtes Ziel – du bist mein, für heute, ja nur für Augenblicke, ein Nichts im Zeitbegriffe deiner Unendlichkeit. – Und ich?»

Und dann sinniert der Alleingänger Hans Hunziker über Sehnsucht, Befriedigung, Genugtuung. Etwas gar pathetisch. Lesbarer ist die Schilderung der Tourenwoche, von der Topalihütte über das Bishorn und den Col de Tracuit in die Cabane du Grand Mountet, andertags über den Col Durand nach Zermatt. Zuletzt von Randa zur Weisshornhütte und auf den Gipfel. Immer allein, manchmal mit einem Bein in einem Gletscherspalt. In der Topalihütte füttert er «drei reizende Hüttenmäuse», in der Schönbielhütte meint der Hüttenwartbub,

«Man kann das Matterhorn rückhaltlos bewundern und dennoch allein das Weißhorn lieben»: Glaubt Felix Simon in «Felstürme und Eiswände. Vom Elbsandstein zum Eis des Nanga Parbat» von 1958. Und was ist mit dem Dom linkerhand, den man von der Riederalp und ihrer Umgebung ebenfalls bewundern kann? «Vue de la Goppisbergalp»: Ölgemälde von Henri Edouard Huguenin-Virchaux, 46 x 55 cm, 1909.

es habe einen Unfall gegeben, weil er solo daherkommt. Titel der Schrift von 1945: «Allein um und aufs Weisshorn».

Schönheit

«La vue qu'offre le Weisshorn est bien proportionnée à l'idéale beauté de son corps, à ses formes majestueuses, à la blancheur de sa robe, à ses arêtes formidables.»

So beschreibt Julien Gallet im Buch «Dans l'Alpe ignorée» die Wechselwirkung von Aussicht und Form. Gallet – an ihn erinnern die Galletgrate am Doldenhorn und Mont Dolent – verbrachte mit seinen Führern Julius Zumtaugwald und Joseph Kalbermatten «vingt glorieuses minutes sur cette pointe audacieuse». Gallet, Spross der ältesten Uhrenmanufaktur der Welt (seit 1466), widmete das Buch von 1910 seiner Frau und Tourengefährtin Eugénie-Louise, geb. Rieckel. Am 1. August 1918 machen sie gemeinsam die Erstbesteigung des damals noch namenlosen Ginalshorns (3027 m); Gallet schlägt in einem Bericht im SAC-Jahrbuch von 1918 übrigens diesen Namen vor. Die Aussicht von dort auf Weisshorn und Dom, die beiden höchsten ganz in der Schweiz liegenden Berge, auf den Entdeckungsfelsen zwischen Monte Rosa und Lyskamm, auf den Dôme du Goûter, den ersten bestiegenen Viertausender der Alpen, ist de toute beauté.

Spitze

«Der Weißhorngipfel ist einer der ganz seltenen Berggipfel, die von nahe genau so aussehen, wie sich ein Kind einen richtigen Gipfel vorstellt: ein Spitz, den man mit der Hand berühren kann.»

Diese präzise Beobachtung stammt vom Appenzeller Herbert Maeder, einem der bekanntesten Fotografen der Schweiz. Seine erfolgreichsten Werke sind «Die Berge der Schweiz» (1967) und «Lockende Berge», ein Silva-Buch (1971). Das Zitat steht am Schluss des Textes «Biwak am Weißhorngrat» aus dem Bildband «Gipfel und Grate. Das Erlebnis der Schweizer Berge» (1980). In diesem Jahr schenkte ich das Buch meiner Frau Eva Feller, in Erinnerung an unsere Besteigung des Mount Whitney (4417 m) in Kalifornien. Dort genügen Turn-, am Weisshorn braucht es Bergschuhe.

Tiefe

«Das Großartigste an der Aussicht ist natürlich der Blick in die Tiefe: nach welcher Richtung immer man vom Weißhorngipfel einen Gegenstand herabfallen ließe, er würde mindestens 1500 Meter tief unaufgehalten hinabstürzen.»

Robert von Lendenfeld lässt 1880 den Stift nicht fallen und macht eine Skizze der Dent Blanche für den Band «Die Westalpen» des Meisterwerkes «Aus den Alpen». Nach Vollendung der Skizze und dem Austrinken des Gipfelsektes beginnt der Abstieg über den Ostgrat.

Foto

«Encore un ressaut? Mais non: c'est le sommet; le Weisshorn lui-même. Cette fois ça y est. Echange d'une cordiale poignée de main. Quinze minutes à savourer la victoire, une victoire que seul un retour sain et sauf peut confirmer. Je me souviens qu'au fond du sac j'ai un appareil photo, nous nous immortalisons mutuellement.» Dass man oben ist, wird mit der Kamera festgehalten. Aber wirklich glücklich über den «Gipfelsieg» kann man erst sein, wenn man gesund und heil unten ankommt. Für Guy Genoud, Bergführer aus Vissoie im Val d'Anniviers (sein Grossonkel war der Weisshorn-Führer Félix Abbet), gilt das erst recht, wenn er mit Gästen unterwegs ist. Aufs Weisshorn jedoch klettert er am 25. Mai 1963 mit dem Kollegen Florentin Theytaz, über den Nordgrat von der Cabane Tracuit aus. Viel zu früh in der Saison, der Grat ist noch gespickt mit Wechten, eigentlich wollen die beiden nur schauen, ob es möglich wäre. Es geht, das improvisierte Biwak in der Scharte beim Grossen Gendarme überlebt man unbeschadet. Der Bergführer Ignace Salamin schaut ihnen am nächsten Tag vom Bishorn zu und hinterlässt dort, bei ihrem Skidepot, Biscuits und Getränke. Guy Genoud im Buch «Itinéraire d'un guide de haute montagne» (2008): «Dieses Zeichen von Mitgefühl hat mich mehr berührt als die Eroberung des Gipfels.»

Kampf

«Um 12 ¼ Uhr, bei herrlichstem Sonnenschein, war der heisse Kampf vorbei, das Ziel erstritten. Die Gletscherwelten von Zinal und Zermatt lagen uns zu Füssen, die edelsten Gipfel desgleichen; nur wenige schwingen sich zu ähnlicher Höhe empor.» Fast wäre der Kampf für Carl Täuber-Brown, seinen Kameraden und den Führer Félix Abbet aus Zinal am 22. Juli 1906 schon unten und in der Nacht verloren gewesen. Beim Aufstieg zum Ostgrat durch eine Firnrinne bricht dem Voransteigenden der «Exécuté avec cette grâce exquise, que les femmes, pour la plupart, savent conserver dans l'alpinisme acrobatique, un souple rétablissement dépose ma compagne sur la petite plateforme, le visage rayonnant de cet effort et contente de se retrouver au soleil:» Arthur Visoni machte mit Charles Graber, Ruth und Jacqueline Humbert, alle vier Mitglieder des Bergsportvereins «Le Mousqueton», am 4. August 1949 die Traversierung Südwestgrat–Ostgrat, wobei auf dem Schaligrat diese Foto entstand. Nach einem Ruhetag auf der Weisshornhütte überqueren die Männer den Berg mit Ostgrat-Younggrat ein zweites Mal.

«Seine gegen Norden vorgerückte Lage, sein scharfgeschnittenes Profil, sein gewaltiger Unterbau und sein blendend weisses Gewand verschaffen dem Weisshorn eine hervorragende Stelle in dem Panorama der Wallisergebirge»: Gottlieb Studer in seinem Hauptwerk «Ueber Eis und Schnee. Die höchsten Gipfel der Schweiz und die Geschichte ihrer Besteigung» von 1870. Blick vom Weg zum Üssers Barrhorn auf Weisshorn, Bishorn und Brunegggletscher (vorangehende Doppelseite).

«Ich kletterte ein kurzes Stück am Schalligrate hinab und riskierte vom tieferen Standpunkte aus mit hochgehobener Kamera die Gipfelaufnahme der drei Gefährten, wobei der brave Abbet mein Seil straff hielt»: Viel Platz zum Fotografieren bietet der Gipfel nicht, merkte Gustav Kuhfahl 1903 (unten).

«Sur le Glacier de Gorner»: Ölgemälde von Gabriel Loppé, 50 × 37 cm, August 1888; das Weisshorn als weisse Spitze ganz oben, rechts davon das Mettelhorn (rechte Seite).

drahtene Halter der Laterne entzwei – beim Erhaschen nach ihr gleitet er aus und reisst die beiden Nachsteigenden mit in die Tiefe. «So ging es in höllischer Fahrt Seillänge um Seillänge über den Firn hinab.» Wo er flacher wird, kann die Dreierseilschaft ihren Sturz stoppen. Da niemand ernstlich verletzt ist, sei der Aufstieg fortgesetzt worden, hält Täuber in «Das Walliser Hochgebirge» von 1911 fest. Carl Täuber, Ehrenmitglied der SAC-Sektion Uto, Korrespondent von Brown, Boveri & Cie., dann Professor an der kantonalen Handelsschule Zürich, zu den Bedenken eines Freundes, als er mit 72 Jahren zu einer Weltreise antritt: «Weisch, me cha überall stärbe.»

Sieg

«Eilends waren wir um 1 U. die eisige Stufenleiter hinaufgestürmt, und dann drängten sich vier jauchzende, siegesfrohe Gestalten händeschüttelnd auf der anderthalb Meter langen und kaum fussbreiten Firnschneide, die damals den Gipfel des Weißhorns bildete. Die erste deutsche Besteigung von Westen war gelungen.» Die nationalistischen Gefühle äussert

Gustav Kuhfahl, Rechtsanwalt und Fotograf aus Dresden, in «Wandern und Reisen. Illustrierte Zeitschrift für Touristik, Landes- und Volkskunde, Kunst und Sport». Am 4./5. August 1903 überschritt er mit Oskar Rüger, ebenfalls aus Dresden, mit dem erst 19-jährigen Südtiroler Führer Giuseppe Zecchini sowie mit Félix Abbet, dem «hünenhaften und äußerst vertrauenerweckenden» Führer aus Zinal, das Weisshorn von West nach Ost, wobei sie die neu erstellte, 800 Meter lange Seilanlage in der Westwand benützten. Nur 26 Stunden brauchten die vier Alpinisten von Zinal nach Randa, mit ein paar Stunden Halt in einer Sennhütte auf der Alp Arpitetta; dort trank Zecchini offenbar so viel Milch, dass beim folgenden Aufstieg «mein Opiumfläschchen dem Sohne der Dolomiten mehrere Male in recht bedenklichen Situationen über die unerträglichsten Leiden hinweghelfen mußte». Oder war es nicht nur Milch, das der Jungführer auf der Alp getrunken hatte? Unproblematisch war sicher das Getränk, mit dem die beiden deutschen Touristen ihre «schönste Bergfahrt» im Hotel Weisshorn in Randa feierten: mit Apollinaris, dem 1852 entdeckten natürlichen Mineralwasser mit dem roten Dreieck als Markenzeichen. Nur etwas gelang Kuhfahl nicht: «ein Stück von dem groben gelben Urgestein loszubrechen, das den ganzen Gipfelaufbau ausmacht».

Lohn

«À 7 h. 30 notre drapeau flottait au sommet. La lutte avait été dure, mais quelle récompense qu'une heure passée au sommet du Weisshorn. Elle payerait une année de travail.»
Eine Stunde auf dem Weisshorn = ein Jahr Arbeit. Louis Seylaz fand den Vergleich, in «L'Écho des Alpes» 1907. Titel des Berichts: «Dans le brouillard».

«Die Heftigkeit des Windes gestattete keinen längern Aufenthalt. Wir schützten uns an einer tieferen Stelle im Fels, wo wir drei verkorkte Flaschen fanden, in welchen unsere Vorgänger ihre Namen und das Datum der Ersteigung niedergelegt hatten»: Als Emile Javelle das Weisshorn bestieg (31. August 1871), war es üblich, leer getrunkene und mit Papierzettel wieder gefüllte Weinflaschen auf dem Gipfel zu deponieren. Ein Gefährte von Javelle machte es auch so. Anstossen, zum Beispiel mit einem Wein aus Visperterminen, darf man auf 4506 Meter über Meer immer noch, nur sollte man die leere Flasche zurück ins Tal nehmen.

Sonne

«Eine trockene, sonnenwarme Platte knapp unter dem Gipfelkreuz bietet sich uns für die leicht verspätete, aber doch verdiente Mittagsrast an. Selten habe ich einen Aufenthalt auf einem so hohen Viertausender so sehr geniessen können wie heute: Ich spüre die Höhe nicht und bin kaum müde.»
Ein Traumtag also für den Glarner Albert Schmidt und seinen Seilpartner Carlo Meier. 23. Juli 1985, Aufstieg über den Schaligrat, Abstieg über den Nordgrat, Berg, Wetter und Mensch in bester Verfassung. Passend dazu der Titel in den «Alpen» von 1987: «Sonnentage am Weisshorn».

Cognac

«Wie ärgerten wir uns, nicht eine halbe Stunde früher von der Hütte aufgebrochen zu sein, denn was war jetzt der Lohn dieser Besteigung? Wohl sassen wir auf der Spitze des Weisshorns, 4500 Meter über Meer, aber von dem gepriesenen Panorama keine Spur. Eine Nebelmasse drängte die andere und wir suchten unsern Unmut mit einem Schluck Cognac zu beschwichtigen.»
Wirklich Pech am 16. August 1877 für F. Schweizer, Mitglied der SAC-Sektion Uto, seinen Freund R., Führer Brantschen aus Zermatt, einen zweiten Führer sowie einen Träger. Mehr Namen gibt der Autor nicht preis in seinem mit «Weisshorn, Monte Rosa, Montblanc, Col du Géant» überschriebenen Bericht, der in mehreren Folgen in der «Neuen Alpenpost» im Sommer 1878 abgedruckt wird. Beim Abstieg zurück zur Weisshornhütte fällt Brantschen noch in eine Spalte des Schaligletschers, kann sich aber selbst wieder mit dem Pickel «hinausarbeiten», wie Schweizer schreibt. Am Abend marschiert man «ohne nur im geringsten ermüdet zu sein» von Randa nach Zermatt, «um der mich dort erwartenden Mutter mündlich Kunde von unseren Erlebnissen zu bringen». Ein wohlerzogener Sohn!

Töchter

«Stolz war ich auch auf die Überschreitung des Weisshorns, das ist ein ganz grosser Mocken. Als Berg gefällt mir das Weisshorn noch besser als das Matterhorn. Geht man den Nordgrat hinunter, erreicht man das Bishorn und hat somit gleich einen zweiten Viertausender bestiegen. Ich erinnere mich daran, dass wir an jenem Tag die Einzigen waren, welche sich an diese Überschreitung wagten. Die Bergsteiger, die auf dem Gipfel standen, haben ganz schön gestaunt, dass diese vier Meitli – wir waren zwei Zweierseilschaften – den Nordgrat in Angriff nahmen.»
Die bergsteigenden Männer haben auch anderswo gestaunt über die vorausgehenden Frauen. Dhaulagiri-Erstbesteiger Albin Schelbert zum Beispiel wollte anfänglich gar nicht glauben, als ihm eine Bekannte sagte, dass sie und ihre Freundin selbstständig schwere Bergtouren unternähmen und dass sie einen Hammer zum Schlagen und Herausschlagen der Felshaken hätten. Nun, Albin wollte die unbekannte Frau mit dem Hammer kennenlernen. Heute heisst sie Heidi Schelbert-Syfrig. Sie ist eine von 13 Frauen zwischen 70 und 100 Jahren, mit denen die Basler Philosophin und Kulturwissenschaftlerin Patricia Purtschert intensive Gespräche übers Bergsteigen, über ihre Rolle in Eis und Fels und Hütte (und manchmal auch zuhause am Herd …) für ihr 2010 publiziertes Buch «Früh los» geführt hat. Eine andere Weisshorn-Besteigung von Heidi Schelbert ist in «Nos Montagnes», der Zeitschrift des Schweizer Frauen Alpenclub, beschrieben: «…dann stehen wir kurz vor 16 Uhr auf dem

4500 Meter hohen Weisshorn. Laut einschlägiger Bergliteratur müssten wir uns jetzt wunschlos glücklich zu einer gemütlichen Gipfelrast niederlassen und im Genuss der herrlichen Aussicht versinken. Stattdessen stopfen wir hastig etwas Dörrobst in den Mund und träumen von der Geborgenheit der Weisshornhütte.»
Der Traum wurde nicht wahr: Unterhalb des Frühstücksplatzes, auf 3600 Metern, musste biwakiert werden.

Unwetter

«Wir werden von hier aus zum Ostgrat hinaufsteigen, Mr. Fullmore!», sagte Rudi. «Ich will versuchen, so schnell wie möglich einen sicheren Platz zu erreichen!»
«Aber Rudi, ich will zum Gipfel! Das ist außerordentlich wichtig für mich! Wir sind nun schon zwei Tage unterwegs, es wäre doch verrückt, wenn wir die Besteigung jetzt aufgeben wollten, wo wir nur noch eine Stunde brauchen!»

Gipfel oder nicht, das ist die Frage für den Zermatter Bergführer Rudi Brandt und seinen Gast, den Engländer Bill Fullmore. Ein fürchterliches Unwetter wird sich in Kürze über dem Weisshorn entladen, und deshalb soll so schnell wie möglich aus der Nordostwand zum Ostgrat hinüber gequert werden, um den Abstieg zu beginnen oder wenigstens in der Südostwand einen halbgeschützten Platz zu finden. Viel zu spät im Jahr sind die beiden zur Tour gestartet, aber Fullmore will unbedingt durch die eisige Wand bis zum Gipfel, zahlt dafür auch einen sehr guten Preis. Brandt willigt schliesslich ein, weil er seinem besten Freund finanziell beistehen will, da dessen Vater ins Spital muss. Paul Winkler ist auch Bergführer, hat aber nach einem Unglück am Matterhorn seinen Beruf aufgegeben, obwohl er nicht schuld am Tod seines Gastes ist. Fullmore wollte eigentlich mit Winkler aufs Weisshorn, doch dieser traut sich und dem Fels nicht mehr. Bis er in der

«Weisshorn! – Dein Zauber folgte mir ins Tal!» Das wünschte sich Margaret Wunsch im Bericht über die Traversierung Schaligrat–Nordgrat, abgedruckt in der SAC-Zeitschrift von 1956. «Bergsee mit Weisshorn»: Ölgemälde von Charles Henry van Muyden, 75 x 106 cm, 1917. Ein ganz besonderer Blick aufs Weisshorn, das hinter dem Garde de Bordon hervorschaut, mit dem Schaligrat rechts und dem Nordgrat links. Der See im Vordergrund ist der Lac des Autannes im Val de Moiry, einem Seitental des Val d'Anniviers.

«Gravir le Weisshorn et mourir!» Das fragt, ja wünscht sich der an Tuberkulose erkrankte Held im Roman «La Montagne» von Jean-Claude Fontanet. Pierre Crémone macht dann weder das eine noch das andere, doch das mentale und körperliche Training zu einer Besteigung des Wunschgipfels hilft ihm, gesund zu werden. Ebenfalls eine Hauptrolle spielt der Traumberg im Jugendbuch «Unwetter am Weisshorn» von 1961, und fast passierte das, was der Held von Fontanet sagt.

Rettungskolonne mitklettert, als Erster gar die Schlüsselstelle meistert. «...und dann, dann entdeckte er Rudi, ungefähr acht Meter unterhalb des Grates!» Ob er noch lebt? Und was ist mit Bill Fullmore passiert? Der Holländer Jaap ter Haar hat mit «Noodweer op de Weisshorn» (Unwetter am Weisshorn, 1961) ein spannendes Buch für K+M ab 12 geschrieben. Und in Zermatt wartet angstvoll Wanda Rittel, die 19-jährige Tochter eines Bergführers. Was wäre ein Roman ohne Liebesgeschichte?

Morgensonne

«Nous passons sans dommage, à 4400 m cette nuit scintillante d'étoiles et, par chance, la moins froide de tout l'été. Un ovosport tiède et l'idée de pouvoir repartir nous stimulent: à 6 h, nous sommes en marche, et arrivons en bonne forme au sommet à 7 heures. Nous sommes enchantés d'être là-haut à une heure inaccoutumée et nous jouissons pleinement d'être en plein soleil, tandis que les vallées à nos pieds sont encore dans l'ombre.»

Lauwarmes Ovosport im Bauch, Morgensonne im Gesicht: So erlebte Denise Gardy, Mitglied der Sektion Neuchâtel des Club suisse des femmes alpinistes, den Gipfel des Weisshorns am Montag, 5. August 1946. Dann stieg sie zusammen mit André Bader über den Nordgrat hinab zur Tracuithütte und zurück nach Zinal. Am Samstag waren die beiden von dort zum Glacier du Weisshorn aufgestiegen, wo biwakiert wurde, wie Gardys Bericht «Traversée du Weisshorn» zu entnehmen ist, der in «Nos Montagnes» erschien. Am Sonntag kletterten sie zuerst über die heute kaum mehr begehbare Wand ins Schalijoch hinauf. Weiter ging's über den Schaligrat, auf dem sie um acht Uhr abends ein zweites Freiluftlager bezogen, 100 Meter unter dem Gipfel. Drei Stunden zuvor hatten ihnen noch zwei Alpinisten von ganz oben zugejauchzt – deren letztes Lebenszeichen. Beim Abstieg stürzten sie ab.

Gewitter

«Die ersten Hagelkörner fallen, das Grollen des Donners kommt näher, und die Pickel beginnen schon, ihr gefährliches Lied von der atmosphärischen Elektrizität zu singen. Da ist von einer längeren Gipfelrast keine Rede.»

Keine zu lange Rede könnte auch von dem sein, der diesen kurzen und gefährlichen Aufenthalt auf dem Gipfel des Weisshorns im Sommer 1929 im Buch «50 Jahre Bergsteiger» (1935) skizziert hat: Fritz Rigele. Aber der Wiener Alpinist ist eine ziemlich wichtige Figur in der Geschichte des Alpinismus – im Guten wie im Bösen. Zuerst das Positive: Bei der Erstbegehung der Nordwestwand des Grossen Wiesbachhorns (3564 m), eines Firndoms in der Glocknergruppe, setzten Rigele und Willo Welzenbach 1924 erstmals Eishaken ein, um das Hindernis des senkrechten Eiswulstes zu überwinden. Rigele erfand das neue Hilfsmittel – ein Vorläufer der heutigen Eisschrauben, an denen sich moderne Eiskletterer sichern. Dann das Negative: Rigele, Schwager von Nazigrösse Hermann Göring, war auch ausserhalb der Berge ein Vorkämpfer. Er setzte sich im Österreichischen Ski-Verband und im Deutschen und Österreichischen Alpenverein (DuÖAV) wirkungsvoll für den Arierparagraphen ein, mit dem Juden aus dem Verein ausgeschlossen wurden. Im Herbst 1937 verunglückte Rigele bei der Blaueishütte in den Berchtesgadener Alpen. Da waren seine beiden Begleiter vom Weisshorn (mit Aufstieg über den Schaligrat und Abstieg über den Ostgrat) schon tot. Georg von Kraus, Neffe von Rigele, starb 1936

«Wild und überwältigend schön steht die Bergwelt rings um uns: im Süden schwingt sich der oberste Teil des Nordgrates als blendend weisse Firnkante steil ins Blau zum Gipfel, nur von kleinen Einsenkungen und einigen Felsen unterbrochen...»: Der am 27. April verstorbene Willy Furter (1912–2011) hielt die Begehung des Nordgrates in den «Alpen» von 1944 fest. Gleich drei Weisshornfahrten sind in diesem Jahrgang der SAC-Zeitschrift abgedruckt; grandios die Foto von Behringer & Pampalucchi, Zürich.

in München. Karl Wien, Sohn des Physik-Nobelpreisträgers Wilhelm Wien und Erstbesteiger des Pik Lenin (7134 m), kam 1937 – wie Welzenbach auch – vom Nanga Parbat nicht mehr zurück.

Gefühle
«Wir denken gar nicht an Rast, vielmehr an den Abstieg und merken besorgt die zunehmende Wucht des Sturmes.
Will auch nicht die falschen Gipfelgefühle, wie sie angelesen meist in die Feder fließen, niederschreiben. Nur der Gedanke: ‹Doch!›»

Ludwig Sinek war in der Zwischenkriegszeit einer, der nicht das Hakenkreuz neben das Alpenvereinsabzeichen heftete; nach Kriegsende arbeitete er als Schriftleiter der «Österreichischen Bergsteiger-Zeitung». 1950 kam sein Buch «Bergfahrten» heraus; den Text zur Besteigung des Weisshorns im Sturmwind begleitete er mit weitschweifenden Gedanken zu Schönheit, Frauen und Bergen. Am Abend nach der Weisshornbesteigung steht er, durch Mühe und Gefahr «doppelt empfänglich» gemacht für Frauenschönheit, vor dem Hotel Mont Cervin in Zermatt und erblickt eine Dame im

«In den Augen vieler Alpinisten ist das Weisshorn der schönste Berg der Alpen. Das Matterhorn ist gewiss schlanker, mächtiger und unheimlicher, aber die untadelige Pyramide des Weisshorns erhebt sich mit solcher Anmut, solcher Herrlichkeit und einer so feierlichen Grösse, dass sie sich von allen unterscheidet»: Behauptete zu Recht Marcel Kurz im zweiten Band des «Clubführer durch die Walliser-Alpen», der 1930 auf Französisch und Deutsch erschien. Maurice Brandt führte die grosse Arbeit von Kurz fort; in der Ausgabe von 1986 übernahm er dessen Einschätzung und fügte noch an: «Une croix est érigée au sommet.»

Abendkleid, hell erleuchtet von einer Lampe: «Für kurze Augenblicke stand ich ganz im Banne dieses fremden Wesens. Es war ein Gefühl, fast wie jenes, als ich das Weißhorn zum erstenmal sah.»

Zauber

«Plötzlich stehen wir oben. Der Gipfel dehnt sich weit, sich in drei Schneegrate teilend.
Welches Glück schenken die Berge! Ihr helles Licht begleitet mich durchs Leben und füllt manche Stunde des Alltags mit froher Erinnerung. Wer kennt nicht den fast überirdischen Zauber der Gipfel?» Fragt sich – rhetorisch – Margaret Wunsch aus Basel im Bericht über eine Traversierung Schaligrat–Nordgrat, abgedruckt in den «Alpen» von 1956. Sie war mit Bergführer Theodor Perren unterwegs: «Er kennt meine Liebe zum Weisshorn und weiss, dass ich ihm folge, auf welchen Gipfel er mich führt.» Am Ende des Textes fährt die Autorin mit der Bahn zurück nach Zermatt: «Ich stehe wie immer draussen auf der Plattform, lehne mich bei Randa weit über die Eisenstangen. Mein glänzender Blick gilt einem spitzen weissen Gipfel.»

Kreuz

«Ein grosses Kreuz ist im Fels verankert, daran hängt ein echter Jesus, aus rostfreiem Eisen, und er tut mir leid, wenn ich daran denke, wie er hier lange Nächte durchfriert, von Gott und den Menschen verlassen. Mein Bergführer hat gleich nach unserer Ankunft das Seil um einen Balken des Gipfelkreuzes geschlungen, um uns zu sichern – so werden wir, während wir hier sind, durch Jesus gehalten.»
Auf dem Weisshorn erlebt der Schweizer Schriftsteller, Kabarettist und Musiker Franz Hohler eine Art «Weltuntergang». So lautet der Titel seines Textes, der das Buch «Zur Mündung» (2000) beschliesst und «37 Geschichten von Leben und Tod» enthält. Am 11. August 1999 findet eine totale Sonnenfinsternis statt – Hohler und sein Führer Adolf Schlunegger wollen das Spektakel ganz von dieser hohen Warte erleben, aber auf einmal wird es so «unwirtlich kalt», dass sie sofort mit dem Abstieg über den nun grauen Schneegrat beginnen.

Gipfel

«Mittag war vorüber. Wir waren sieben Stunden in der Wand gewesen, und seit dem Biwak waren zwölf vergangen, fast ohne Halt. In der Höhe schliessen dünne Luft und eigene Konzentration die Müdigkeit aus, solange noch irgendetwas zu überwinden bleibt; die Reaktion auf dem Gipfel ist entsprechend. Glück ist nur durch Gegensätze messbar, und wie das Klettern die härteste der hübschen Arbeiten in dieser Welt ist, so ist wahrscheinlich keine Musse so wunderbar befriedigend wie die Entspannung, die dem Klettern folgt. Jeder Gedanke an vergangene Mühe, an kommende Anstrengung, sogar an die Müdigkeit wird von einer Flut körperlichen Wohlbefindens weggeschwemmt. All unsere

Sinne ruhen; aber sie sind durch die lange Spannung aufs feinste abgestimmt und bleiben in der Ruhe seltsam feinfühlig für äussere Eindrücke. Das ist noch ein Grund mehr, warum wir die Schau von einem Gipfel schöner finden als irgendeine andere Aussicht. Doch sind wir Menschen und Menschlichem unterworfen; und die Spanne der Erfüllung muss durch irgendeine Form der Handlung oder der bewussten Inaktivität ausgefüllt werden. Manche Sterbliche geben sich einem gemütlichen Gipfelschlaf hin, trotz der Kälte: das ist Verschwendung grosser Augenblicke. Andere ziehn es vor, zu essen; was fühlbar ist, aber prosaisch. Wieder andere tun nichts als schauen und vergessen zu denken und lassen all den Überschwang von Ruhe und Schau und Gefühl ununterschieden in sich einströmen – in der spätern Erinnerung nichts als die eine lichterfüllte Wolke des glückvollen Gewesenseins einer verschwendeten Stunde.»

Im Buch «On High Hills» (1927) erzählt und erläutert Geoffrey Winthrop Young auf zehn Seiten die erste Durchsteigung der eisigen Nordostwand auf der zentralen Rippe, zusammen mit Oliver Perry Smith und Josef Knubel am 31. August 1909. Dann standen die drei Alpinisten «auf dem Gipfel des Weisshorns». Unter diesem Titel publizierte die SAC-Zeitschrift «Die Alpen» 1943 den hier wiedergegebenen Text. Wer die Fortsetzung auf Deutsch lesen wollte, musste bis 1955 warten, als Youngs Buch «Meine Wege in den Alpen» herauskam. Also: Smith «schlief unerschüttert ein»; Young und Knubel «kletterten in eine Felsnische hinunter, gaben vor zu essen und liessen hin und wieder mit gedämpfter Stimme eine antönende Bemerkung über unsere früheren Klettereien an diesem Gipfel fallen». Bis beissende Graupel die Bergsteiger vom Gipfel fegte.

«La plus belle sommité de nos Alpes». Kürzer als François Thioly, der am 30. Juli 1867 auf dem Gipfel stand, kann man es fast nicht sagen. Aber man kann den Berg auch malen, zum Beispiel von der Lauchernalp im Lötschental: «Morgenfrühe»; Ölgemälde von Waldemar Fink, 33 x 43 cm, 1925 (oben). Oder fotografieren, von einem der Seen nördlich unterhalb des Gornergrates: Obergabelhorn und Wellenkuppe, Zinalrothorn und Weisshorn (nächste Doppelseite).

Weisshorn – die Chronik
Von Daniel Anker

Wichtige Ereignisse, die im Buch näher behandelt sind, wie die Erstbesteigung, die Erstbegehung des Youngrates, Abstürze von bekannten Alpinisten, Eröffnung von Unterkünften und Bergstürze sind hier in der Chronik nur kurz erwähnt.

13. Januar 1636: Eine Eis-Schnee-Lawine vom Bisgletscher verwüstet Randa; 37 Tote.
1682: Erste Erwähnung des Weisshorns als «Wysgeburg» auf der Walliskarte von Anton (oder Antoni) Lambien.
18. Februar 1720: Halb Randa wird von Eis-Schnee-Lawinen vom Weisshorn zerstört; 12 Tote.
1768: Auf der Karte «Vallesia superior ac inferior» von Gabriel Walser findet sich ein «Wyss Horn», allerdings nicht am richtigen Ort.
27. Dezember 1819: Der Luftdruck von herabstürzenden Eismassen verschüttet 89 Gebäude von Randa; 2 Tote.
16. August 1859: Besteigungsversuch, auf der Seite von Zinal, durch die Engländer William und George Spencer Mathews mit den Führern Jean-Baptiste Croz und Michel Charlet aus Chamonix sowie Joseph Vianin aus Ayer im Val d'Anniviers. Aufstieg von der Alp Tracuit in den gleichnamigen Pass, über den Turtmanngletscher bis unterhalb des Weisshornjochs (4058 m) zwischen Bishorn und Weisshorn, das über den Steilhang erreicht wird. «Nun aber wurde ihnen plötzlich Halt geboten», schreibt der Schweizer Johann Jakob Weilenmann in «Streifereien in den Walliser-Alpen»; er hält sich ebenfalls in Zinal auf und entziffert im Fremdenbuch des einzigen Gasthauses den Eintrag von William Mathews. «Auf beiden Seiten, ost- und westwärts, stürzt der Grat gleich schroff ab und ist so scharfschneidig und gezahnt, dass es rein unmöglich war, ihn zu überklimmen.» Der Nordgrat wird denn auch erst 39 Jahre später erklettert.
1859: Besteigungsversuch, auf der Seite von Randa, durch Leslie Stephen, R. Bruce, Robert Liveing und John Ormsby mit ihren Führern. Im Standardwerk «Ueber Eis und Schnee. Die höchsten Gipfel der Schweiz und die Geschichte ihrer Besteigung» (1869) schreibt Gottlieb Studer: «Die Jahreszeit war jedoch sehr vorgerückt, die Gesellschaft zu zahlreich, um rasch vorrücken zu können, und als die Gesellschaft halbwegs an den Felsen emporgeklettert war, fand sie sich zur Umkehr genötigt.» Kein Erfolg vorerst also an dieser Pyramide für angelsächsische Gipfelstürmer; an anderen sind sie im Sommer 1859 jedoch erfolgreich: Stephen am Bietschhorn (13. August), Bruce und Ormsby an der Grivola (23. August), dem zweithöchsten und formschönsten Gipfel der Grajischen Alpen, mit drei Graten wie das Weisshorn.
2. Juli 1860: Dritter Besteigungsversuch, wieder auf der Seite von Randa, durch den Engländer Charles Edward Mathews, Bruder von William, und George Spencer, mit dem Berner Oberländer Bergführer Melchior Anderegg und dem Walliser Berufskollegen Johann Kronig. Übernachtung auf der Schalibergalp ob Randa, um 2 Uhr morgens Abmarsch. Sie müssen die angestrebte Besteigung vom Schaligletscher über die Südostwand und den Ostgrat noch unter der Gratschneide wegen zu viel Schnee und Lawinengefahr abbrechen. Und weil Kronig die heikle Situation offenbar gar nicht mehr gefällt. Alpinhistoriker Studer: «Während des Heruntersteigens wurde die Gesellschaft einigemal von den Batterien des Weisshorns begrüsst und mit frischem Schnee von fallenden Lawinen überschüttet.» Fast käme die Seilschaft Anderegg-Mathews, die 40 Sommersaisons dauert, zu einem vorzeitigen Ende.
19. August 1861: Erstbesteigung des Weisshorns (4506 m) durch den Iren John Tyndall mit den Bergführern Johann Joseph Benet und Ulrich Wenger über den Ostgrat, die Normalroute.
13. August 1863: Zweite Besteigung (über den Ostgrat) durch Leslie Stephen mit Melchior Anderegg und Franz Biner (also wieder ein Englisch sprechender Tourist mit einem Berner Oberländer und einem Walliser Führer – die gleiche Konstellation hat ja schon 1860 fast zum Erfolg geführt.) Zuvor versuchten die drei Alpinisten mit Howells, einem Gefährten Stephens, den Berg von der Zinalseite zu erreichen, aber die auf Rekognoszierung ausgeschickten Führer mussten am Beginn des Nordgrates beidrehen.
1869: Die Engländer Horace Walker und George Edward Foster, die Führer Jakob Anderegg und Hans Baumann steigen auf einer neuen Route ab: Von P. 4178 m im Ostgrat direkt über die Südrippe, welche in ihrem unteren Teil den Schaligletscher teilt. Eine schlagkräftige Seilschaft: Zuvor machte man, allerdings ohne Walker, die Erstbesteigung des Gspaltenhorns, anschliessend entdeckt man einen neuen, direkten Weg von Chamonix auf den Hausberg, die Aiguille du Midi.
11. August 1871: Erste Durchsteigung der Nordostwand durch John Hawthorn Kitson (Spross einer Familie von Lokomotivproduzenten in Leeds – die Kitson-Meyer-Dampflokomotiven fuhren fast überall auf der Welt) mit den Grindelwalder Führern Christian und Ulrich Almer. Auf einer Route im rechten, westlichen, 800 m hohen Teil der Wand, wobei im oberen Teil teilweise auf den Nordgrat ausgewichen und über diesen zuletzt auch der Gipfel gewonnen wird; Christian Almer muss über 800 Stufen schlagen. Der Start vom Zeltbiwak auf Kastel oberhalb Randa war um 3 Uhr, in zwei Stunden überwand man die beiden Eisfallzonen des Bisgletschers und stand am Fuss der Wand, in der oberen Mulde des Gletschers. Der Abstieg erfolgt auf der gleichen Route. Um 16 Uhr sind die drei Erstdurchsteiger zurück beim Zeltplatz, rasten Tee trinkend eine Stunde, versorgen Holz und Heu unter einem Felsen, weil die Almers die Tour wiederholen wollen. Um 19.40 trifft man in Zermatt ein.
10. September 1871: Die US-Amerikanerin Meta Brevoort und ihr Neffe W.A.B. Coolidge wiederholen mit Christian und Ulrich Almer die Kitsonroute durch die Nordostwand. Und dabei bleibt es, entgegen Kitsons Einschätzung: «I believe that this route will be found decidedly preferable to the old one.» Meta Brevoort ist die erste Frau auf dem Weisshorn; am 5. September hat sie als erste Frau das Matterhorn traversiert (die erste weibliche Besteigung schnappte ihr Lucy Walker am 22. August 1871 weg), am 14. September wird Brevoort als erste Frau auf der Dent Blanche stehen, am 20. September auf dem Bietschhorn. In zwei Wochen diese vier stolzen Gipfel: Chapeau, Madame!
1876: Erste Weisshornhütte (ca. 2860 m) auf dem Hohlicht-Rücken; 1878 von der SAC-Sektion Monte Rosa übernommen, in den 1880er-Jahren aufgegeben.
6. September 1877: Die Engländer William Edward Davidson, James Walker Hartley, Henry Seymour Hoare und die Schweizer Bergführer Johann Jaun, Alois Pollinger und Peter Rubi finden einen neuen Weg zum Gipfel. Sie steigen nach einem Biwak hinten im Talkessel des Hohlichtgletschers über den Schaligletscher nordwärts hoch und gewinnen durch eine steinschlägige Rinne und über eine Rippe den Südwest- oder Schaligrat. Über diesen Grat klettern die sechs Alpinisten zum höchsten Punkt. Die Rückkehr ins Tal geht über den Ostgrat. Im Jahr darauf machen Davidson, Hoare, Jaun und Johann von Bergen die Erstbesteigung des Mont Maudit (4465 m) im Mont-Blanc-Massiv – es ist eine der letzten eines Viertausenders der Alpen.
8. August 1879: Erster Durchsteigungsversuch der Westwand durch George Augustus Passingham mit Ferdinand Imseng und Ambrosius Supersaxo; dichter Nebel verhindert das Unterfangen, beim Rückzug bricht ein fürchterlicher Sturm los, der Weg wird «verzweifelt schlimm» (Studer). Aber sie können sich retten, um 21.30 kehren sie nach Zinal zurück.
12./13. August 1879: Durchsteigung der 1000 Meter hohen Westwand durch Passingham, Imseng und Louis Zurbriggen. Trotz des detaillierten Berichts von Passingham im «Alpine Journal» ist es nicht möglich, den genauen Wegverlauf festzulegen. Marcel Kurz, Autor des SAC-Führer durch die Walliser Alpen, vermutet, dass die drei Alpinisten irgendwo im Wandteil zwischen der Westrippe des Grossen Gendarme und der vom

1860: Südostseite des Weisshorns, mit dem Anstieg links über den obersten Schaligrat von 1877 und der direkten Abstiegsvariante vom Ostgrat auf den Schaligletscher von 1869. Auf dieser Route fand 1860 der dritte Besteigungsversuch statt.

1879: Ferdinand Imseng & Co. kletterten als Erste durch die Westwand, doch der Routenverlauf ist nicht bekannt. Übersicht von 1947.

Gipfel herabkommenden Rippe hinaufgeklettert sind. Sicher ist: Sie biwakieren unten in der Wand, starten um 3.45 Uhr in der Frühe, erreichen nach fünf Stunden den Umkehrpunkt, kämpfen sich weiter über Firn und vereiste, plattige Felsen hoch, steigen schliesslich unfern des Gipfels auf den Nordgrat aus und stehen um 15.15 Uhr auf dem Gipfel. Ein weiteres Bravourstück von Ferdinand Imseng; seine bekanntesten Touren sind die beiden ersten Durchsteigungen der Ostwand des Monte Rosa, der höchsten Wand der Alpen, in den Jahren 1872 und 1876. Aber während der Canalone Marinelli und die Via Brioschi zu Klassikern werden, kann man dies von der steinschlag- und lawinengefährlichen Führe in der Weisshorn-Westwand nicht sagen.

16./17. August 1883: Zweite Durchsteigung der Westwand durch den Engländer John Percy Farrar mit Johann Grill, genannt Kederbacher, auf einer neuen, direkteren Route. Um sieben Uhr abends müssen sie unter dem Gipfel umkehren, biwakieren auf ca. 4300 m und steigen am andern Morgen schräg linkshaltend zum Nordgrat hinauf. Für den Abstieg wählen sie, wie schon ihre Vorgänger, den Normalweg über den Ostgrat. Kederbacher, Erster offizieller deutscher Bergführer, hat eine Schwäche für grosse Wände. Er meisterte als Erster die Watzmann-Ostwand, die höchste Felswand der Ostalpen; seine Route heisst Kederbacherweg.

24. Juli 1887: Der Österreicher Eugen Guido Lammer macht die erste bekannte Alleinbesteigung. Zwei Tage später steht er auf dem Zinalrothorn – ebenfalls alleine.

16. August 1888: Absturz von Georg Winkler in der Westwand; seine Leiche wird am 29. Juli 1956 auf dem Weisshorngletscher gefunden.

8. August 1889: Der Engländer Theodore Cornish und die Grindelwalder Bergführer Hans und Ulrich Almer wiederholen die Farrar-Route in der Westwand, wobei sie diese etwas begradigen. Sie brauchen 13 Stunden von der Alp Arpitetta bis auf den Gipfel.

2. September 1895: Erste Begehung des vollständigen Südwestgrates, besser bekannt als Schaligrat, durch Edward Alfred Broome mit den Führern Josef Marie Biner und Ambros Imboden. Biwak auf dem Felssporn zwischen Hohlicht- und Schaligletscher, Frühstück im Schalijoch, nach nur 5½ Std. auf dem Gipfel, wobei die Felstürme überklettert oder auf der Randaseite umgangen werden. Im «Jahrbuch des SAC» von 1895 heisst es kurz und bündig: «Die Kletterei ist schwierig, aber die Felsen sind im ganzen gut.» Der Engländer Broome (1846–1920) begann erst mit 40 Jahren zu bergsteigen; mit 67 Jahren klettert er noch durch die Brioschi-Route aufs Nordend, und mit 75 traversiert er den Charmoz ob Chamonix. Er stirbt in Zermatt, wo er auch begraben ist.

2. September 1898: Zweite Begehung des Schaligrates durch Hans Lorenz und Edward Wagner.

21. September 1898: Erste Begehung des Nordgrates durch Hans Biehly und Heinrich Burgener. In einem Bericht des SAC-Jahrbuchs von 1898 schreibt Hans Biehly, Mitglied des Akademischen Alpen-Clubs Zürich, über diese wichtige Tour. Dazu der Chronist und Führerautor Marcel Kurz im zweiten Band des «Guide des Alpes valaisannes» von 1930: «Voici enfin une grande arête des Alpes conquise par un alpiniste suisse!» Wie wenn die Führer am Zmuttgrat des Matterhorns oder am Teufelsgrat des Täschhorns keine Schweizer wären... Ein Engländer will 1898 den noch unbegangenen, aber schon mehrmals versuchten Nordgrat angehen. Auch Biehly braucht zusammen mit Heinrich Burgener mehrere Versuche, und fast klappt es nicht, weil Biehly ein falsches Telegramm geschickt hat und dann zwei Führer aus Zinal anheuert. Diese wollen aber nicht mit Burgener gehen, und so startet Biehly mit ihm alleine vom Biwak auf dem Col de Tracuit zum Nordgrat, diesem Schaustück des Weisshorns. Um acht Uhr stehen sie vor dem Grossen Gendarme, dem «Kampfobjekt». Er wird in einstündiger waghalsiger Kletterei halb überschritten, halb umgangen: «Ein einziger Fehltritt bedeutet für uns beide dasselbe Geschick.»

26. August 1899: Erste Besteigung des Grand Gendarme (4331 m) bis zuoberst durch A.G. Cooke mit Benjamin Rouvinez und Louis Theytaz.

1900: Neue Weisshornhütte (2932 m); SAC-Sektion Basel.

Sommer 1900: Erste Überschreitung des Ostgratsattels (ca. 3460 m) zum Bisgletscher durch die Engländer Geoffrey Winthrop Young und Felix Levi. Dieser Schneesattel liegt zwischen P. 3477 m und dem dreieckigen Punkt 3780 m, wo sich der Grat teilt. Vom Sattel geht's über einen sehr steilen Nordosthang hinab und dann durch eine Rinne zu P. 3450 m im Nordostgrat von P. 3780 m. Über den Bisgletscher kann leicht das Bisjoch erreicht werden (was auch Young und Levi machen und über den Col de Tracuit weiter nach Zinal gehen).

7. September 1900: Erstbegehung der Westrippe des Grossen Gendarme durch Geoffrey Winthrop Young mit den einheimischen Bergführern Benoît und Louis Theytaz; die Rippe ist seither als Younggrat bekannt.

7. September 1900: Erster Abstieg über den Nordgrat durch Geoffrey Winthrop Young mit Benoît und Louis Theytaz.

13. September 1900: Erster Abstieg über den Schaligrat durch Guido Rey mit den Führern Daniel, Antoine und Ange Maquignaz.

21./22. August 1901: Erste Traversierung des ganzen Kammes vom Zinalrothorn zum Weisshorn durch Emanuel Christa und Hans Pfann, mit Start im Triftgasthaus ob Zermatt und ziemlich spärlichem Biwak im Schalijoch (die Freunde, welche Verpflegung und Wolldecken hinaufbringen sollen, bleiben weit unterhalb des Jochs stecken). Noch vor dem Weisshorn-Gipfel wird der letzte Notzucker gegessen, in der Weisshornhütte will ihnen ein französischer Alpinist nichts von seinen «riesigen Proviantmengen» abtreten. Christa bleibt in der Hütte oben, Pfann steigt noch ins Tal ab, findet im Dunkeln keinen Übergang über die tosende Mattervispa und kriecht schliesslich in einen Heustadel. Dieser steht, wie Pfann am nächsten Morgen bemerkt, kaum 30 Schritte von der Brücke nach Randa entfernt.

10. Januar 1902: Erste Winterbesteigung durch den Engländer Lionel F. Ryan mit den Zaniglaser Bergführern Alois Pollinger, Josef und Raphael Lochmatter. L.F. Ryan – nicht zu verwechseln mit seinem Bruder V.J.E. Ryan, dem Erstdurchsteiger der Täschhorn-Südwand – berichtete im «Climbers' Club Journal» von 1901 über «The First Winter Ascent of the Weisshorn». Beim Aufstieg trinken sie beim Übergang von den Felsen zum Schnee im Ostgrat auf gut 4000 Metern «some of our wine and deposited a bottle of Bouvier on the rocks to drink on our return». Bei der Rückkehr ist der Weisswein allerdings gefroren, und der Bouvier muss als Glacé konsumiert werden.

Juli 1902: Elf Führer aus Zinal und dem Val d'Anniviers, unter der Leitung von Louis Theytaz, sichern die Westrippe des Grossen Gendarme durch Fixseile ab. Rund 50 Eisenstifte werden in den Fels gemeisselt und gut 800 Meter Seile zwischen 3600 m und 4300 m verlegt, an einer überhängenden Stelle gar eine Hängeleiter. Un-

1928: Turtmannhütte mit Bishorn. Sie wird noch heute als Startpunkt für Weisshornbesteigungen gebraucht.

terhalb des Gendarme zieht die Route in den Sattel südlich desselben. H. und R. Grünwald sind mit den Führern Benjamin Rouvinez und Clivaz die ersten Touristen, welche die so installierte Route benützen, kommen aber wegen schlechten Wetters nicht zum Gipfel. Alfred Guy hingegen gelingt es, mit Benjamin Rouvinez und Félix Abbet. Ein grosser Erfolg wird die Route nicht, obwohl sie instand gehalten wird. Steinschlag setzt den Seilen zu; 1947 bleiben noch 200 Meter übrig. Sie werden schliesslich demontiert; die Stifte jedoch stecken teilweise noch im Arollagneis.

30. Juli 1902: Erste Traversierung des Weisshornjochs (4058 m) durch Godfrey W.H. Ellis mit Ulrich Almer und Aloys Biner. Der Pass soll laut der «kaum glaubwürdigen Überlieferung» zuerst von Gämsjägern begangen worden sein, wie Band 6 des «Geographischen Lexikons der Schweiz» von 1910 anmerkt.

28. August 1905: Neue, direkte Route durch die Südostwand durch Geoffrey Winthrop Young mit Josef Knubel und V.J.E. Ryan mit Josef und Gabriel Lochmatter. «Die Schneekante wurde etwa 1½ m. westlich vom höchsten Punkt erreicht.» «Beim Aufstieg wurde kein Steinfall beobachtet», schreibt Young im «Alpine Journal». Abstieg vom Gipfel über Ostgrat zur Hütte und weiter nach Randa in 3½ Stunden – die müssen ja gerannt sein! Im nächsten Sommer werden sie noch schneller sein...

21. August 1906: Neue Route durch die Südostwand durch Geoffrey Winthrop Young und R. G. Mayor mit Josef Knubel. Die endet 20 Minuten unterhalb des Gipfels auf dem Ostgrat. Kommentar von Young: «Die neue Route ist nur im Anfang (Eiscouloir) schwierig und frei von Steinfall; bei Nordwind der gewöhnlichen Route über den Ostgrat vorzuziehen.» Hat sich nicht eingebürgert. Beim Abstieg stellt das Trio einen neuen Rekord auf: 2 Stunden zur Weisshornhütte, 65 Minuten nach Randa. Macht 3100 Höhenmeter in 3 Stunden 5 Minuten – da muss man sicher auf den Füssen stehen...

31. August 1909: Geoffrey Winthrop Young, Oliver Perry Smith mit Josef Knubel durchsteigen die Nordostwand auf einer neuen, direkten Route: nämlich mehrheitlich über die Rippe, welche die ganze Wand in zwei Hälften teilt. Wahrscheinlich die dritte Durchsteigung der Wand. Berühmte Seilschaften wie Jacques Lagarde und Lucien Devies (1937) und Georges de Rham und Rodolphe Tissières (1938) wiederholen die Youngroute.

Mit der zunehmenden Ausaperung der Nordostflanke infolge Klimaerwärmung erhöht sich die Attraktivität dieses Anstieges nicht.

24. August 1910: R.J. Sanders and Mary Dolling Sanders, später verheiratete O'Malley, steigen mit Christian Kaufmann und Niklaus Brantschen auf einer neuen Route links von Young durch die hier 1000 Meter hohe Nordostwand. Zustieg von der Weisshornhütte über den Ostgratsattel in die untere Mulde des Bisgletschers; zuunterst in der Wand müssen Felsen überwunden werden, dann geht's direkt über Firn und Eis hoch, wobei die Führer sechs Stunden lang Stufen hacken. Miss Sanders wird als Ann Bridge eine bekannte Roman- und Reiseschriftstellerin; ihre Werke werden auch ins Deutsche übersetzt, die Titel heissen «Frühling in Dalmatien» (1937), «Verzauberter Sommer» (1938), «Liebesspiel an der Grenze» (1944; spielt im Spanischen Bürgerkrieg). Ob ihre wilde Tour auch Eingang in einen Roman gefunden hat?

27. Mai 1920: Erste «Skibesteigung» durch Arnold Lunn, Josef Knubel und einen Träger namens Truffer, wobei die Ski von der Weisshornhütte bis zum Fuss der Ostgratfelsen benutzt werden. Fazit von Skipapst Lunn: «As a ski peak the Weisshorn is of no value, for one only gets about 1200 feet of ski-ing.» Da ist der Dom (4545 m) auf der gegenüberliegenden Seite schon viel besser: Am 18. Juni 1917 fahren Lunn und Knubel in 40 Minuten vom Gipfel zur (alten) Domhütte (2924 m) ab.

28. Mai 1920: Josef Knubel und Arnold Lunn wiederholen mit Ski die wilde Route von Young/ Levi von 1900 über den Ostgratsattel, um von der Weisshornhütte das Brunegghorn zu besteigen. Im steilen Hang unter dem Sattel und im folgenden Couloir trägt Knubel beide Paar Ski. Im «British Ski Year Book» von 1920 schlägt Lunn vor, den Ostgratsattel «Young-Pass» zu nennen – «Youngjoch does not sound so pretty». Stimmt, aber «Young-Pass» hat sich auch nicht durchgesetzt.

1923: Roger Hoffmann, Emil Zachmann, Alexander und Gottfried Perren begehen in zwei Tagen alle vier Grate – das sogenannte Kreuz des Weisshorns; Aufstieg Schaligrat, Abstieg Younggrat, Aufstieg Nordgrat, Abstieg Ostgrat.

9. August 1923: Der niederländische Bergsteiger Abraham Versluys, auch bekannt als «der fliegende Holländer», klettert mit seinen Führern Heinrich Pollinger und Josef-Marie Julen in einem Zug vom Gasthaus Trift über Zinalrothorn, Pointe Sud de Moming, Schalihorn, Schaligrat und Weisshorn zur Weisshornhütte. Die drei benötigen dafür 20 Stunden, davon 17 Stunden reine Kletterzeit.

18. August 1925: Eleonore Noll-Hasenclever, Hans Pfann und Hans Trier lösen beim Aufstieg durch den steilen Firnhang 15 Meter nördlich unterhalb des Ostgratsattels (ca. 3460 m) ein Schneebrett aus; die beiden Alpinisten können sich befreien, Noll-Hasenclever stirbt. An deren Bergung in der folgenden Nacht und am nächsten Morgen beteiligt sich auch Abraham Versluys mit seinen Bergführern.

1926: Topalihütte (2764 m); SAC-Sektion Genf. 1998 abgebrannt, 2003 Einweihung der neuen Hütte.

24. August 1928: Traversierung Nordgrat-Schaligrat (Letzterer nur auf dem obersten Drittel, dann Abkürzung durch die Südostwand) durch T. Graham Brown, Alfred Zürcher, Josef Knubel und Alexander Graven; Start in der Topalihütte um 1.45 Uhr, Weisshornhütte 20 Uhr, und noch weiter nach Randa. A long, long way, aber die vier Alpinisten sind ja auch keine Anfänger...

August 1928: Zwischen dem 15. und dem 31. August klettern die Franzosen Jean Savard und Marc de Hemptinne auf der Farrar-Route durch die fast ausgeaperte Westwand, ohne jedoch die Schlaufe nach rechts im mittleren Wandteil zu machen. «On aurait pu passer un peu partout dans cette face W.»

1928: Turtmannhütte (2519 m); SAC-Sektion Prévôtoise.

1929: Cabane de Tracuit (3256 m), damals auch «Refuge Baumgartner» genannt; SAC-Sektion Genf.

17. August 1933: Bergführer Franz Lochmatter aus Randa und Gast Hermann Hotz stürzen am Ostgrat bei einem Felszacken ab, der seither als «Lochmatterturm» bekannt ist.

4. September 1933: Jean Leininger und Jean Vernet, beide Mitglieder der elitären Groupe de Haute Montagne GHM, legen in der Westwand eine neue, direkte Route, die auf ca. 3200 m beginnt, westlich von P. 3283 m, weiter oben die Farrar-Route kreuzt und zuletzt auf ihr den Nordgrat gewinnt. Die Franzosen begehen die trockenen Plattenschüsse der Westwand mit Kletterfinken. Im folgenden Sommer gelingt ihnen zusammen mit Pierre Allain eine der schönsten Wände der Alpen: die Südwand des Grand Pic de la Meije.

1937: Direkte Südostwand zum Gipfel durch Wilfrid Noyce mit Hans Brantschen. Wie weit sich die Route von der direkten von Young & Co. unterscheidet, ist schwierig zu sagen.

3. April 1938: Erste Winterbegehung des Nordgrates durch Max Bachmann (Herisau) und Emil

Meier (Wetzikon). Letzterer hält die Tour in seinem Fahrtenbuch wie folgt fest:

«2. Zürich 7.07. Sierre 12.00 – 12.45. Mit Privatauto nach Ayer (20.–) 14.00 – 14.30. Frühlingswetter. Schneegrenze 30 Min. vor Zinal. Zinal 15.30. Unnötiger Umweg über Alpe d'Arpitetta 17.30. Zu hoch verlaufen. 2 Std. Zeitverlust. Bei Nacht über Roc de la Vache nach Combasana. Ref. Tracuit 11.30.

3. Ab 5.45 (auf 4.00) über den Turtmanngletscher mit Ski bis ca. 3700 m. Dann mit Steigeisen zum Bieshorn 8.45. Vor gr. Gendarme 11.30 – 12.00. Langes Suchen 1 Std. Dann weiterschreiten, direkt links der Kante. Sattel 14.00. Gipfel 15.20 – 15.30. Bereits Nebel und Nordsturm, einzelne Aufhellungen. Rasch den Ostgrat hinab, kleine Verirrung sofort gut gemacht. 19.00 am Fuss des Ostgrates auf 3300 m von Nacht und Schneefall überrascht, nach Traverse eines kleinen Eishanges. Biwak unter Stein. Nachts gewaltiger Nordsturm mit Schneetreiben. Enge Grube, nass, kalt, schlaflos.

4. Vollkommen klar, aber stürmischer Nordwind. Ab 6.45. Traverse auf Biesgletscher 8.00. Schneestampfen aufs Biesjoch 9.30. Durch Ostflanke und Ostgrat beinahe zum Bieshorn 13.15, bei Ski 13.45. Hütte 14.00. Ohne Frass den ganzen Tag.

5. Ab 7.00 ohne Frass. Ayer 10.00 über Combasana – Sommerweg. Wetzikon 20.30.
T: M. Bachmann.
V: Günstig. Gibt aber diesen Sommer viel Eis.»

Für die SAC-Zeitschrift «Die Alpen» verfasst Meier einen Bericht, der im zweiten Heft 1941 publiziert wird. In der gleichen Nummer erscheint der Nachruf von Samuel Plietz auf Max Bachmann; er kam am 1. Dezember 1940 in einem Schneebrett am Pizzo Lucendro ums Leben; Meier und zwei andere Kameraden konnten sich retten. «Ich bin bereit, sämtliche Nordwände der Alpen sofort anzugehen!», schrieb Bachmann in einem Brief an Plietz. Beide durchstiegen 1934 diejenige des Doldenhorns zum ersten Mal. Mit Otto Gerecht und Hannes Huss gelingt Meier im März 1948 die erste Winterbegehung des Peutereygrates zum Mont Blanc. Am Brouillardgrat, einem anderen grossen Grat dieses Berges, stürzt Meier am 13. August 1950 mit einem abbrechenden Felsblock in die Tiefe.

1. August 1940: Erster Abstieg vom Sattel südlich des Grossen Gendarme direkt über die rund 500 m hohe Nordostwand hinab ins obere Bisgletscher-Becken, durch den Genfer Ernest Rigaud mit dem Waadtländer Bergführer Armand Moreillon von Les Plans-sur-Bex. Vom Gipfel sehen sie noch Spuren der beiden Lausanner Alpinisten Domenjoz und Favre, die zwei Tag vor ihnen über den frisch verschneiten Nordgrat aufgestiegen sind und dann den Abstieg über den Ostgrat und durch die Südostwand wählten. Am Fuss der Wand können sie aber keine weiteren Spuren ausmachen. «Aber das waren doch erfahrene Alpinisten», sagt Moreillon.

1943: Alfred Zürcher, Josef Knubel und Hermann Lochmatter machen die Croix du Weisshorn auf andere Art: Aufstieg Ostgrat, Abstieg Younggrat, Aufstieg Nordgrat, Abstieg Schaligrat.

26. Juli 1945: Durchsteigung der Westwand auf einer neuen Route durch die Genfer René Dittert, Léon Flory und Francis Marullaz. Zuerst klettern sie über die Rippe fast bis zum charakteristischen Felsturm (3647 m) in der Wandmitte und gelangen dann linkshaltend auf den Nordgrat zwischen Grossem Gendarme und Gipfel. Dittert und Marullaz sind prägende Figuren des Genfer Bergsportvereins Androsace, dem damals einige der besten Alpinisten angehören: Loulou Boulaz, Érika Stagni, Raymond Lambert, André Roch, um nur ein paar zu nennen.

17. April 1949: Erste Winterbegehung des Schaligrates durch Josef Nadai, Hans Rein und Ernst Schulthess. Am 16. April steigen die drei Zürcher Alpinisten von der Weisshornhütte ins Schalijoch hinauf, am Ostersonntag klettern sie über den Schaligrat auf den Gipfel, müssen aber beim Abstieg auf dem Ostgrat nochmals biwakieren, am 18. April kehren sie zur Hütte und nach Randa zurück. Damals galt das offiziell als Winterbegehung, heute werden nur Begehungen zwischen 21. Dezember und 21. März als solche anerkannt. Rein gehört in der Nachkriegszeit zur schweizerischen Kletteravantgarde, genauso wie seine Seilkameradin Leni Merk. Mehr zu beiden unter http://de.wikipedia.org/wiki/Hans_Rein und im vorzüglichen Buch von Patricia Purtschert: «Früh los. Im Gespräch mit Bergsteigerinnen über siebzig» (2010). Das Weisshorn hat darin auch seinen Auftritt.

1954: Cabane d'Arpitetta (2786 m); erbaut durch die Société des Guides du Val d'Anniviers.

Ende August 1955: Bergführer Heinrich Brantschen, Hüttenwart der Weisshornhütte von 1918 bis 1959, feiert seine 100. Besteigung des Weisshorns.

1963: Schalijochbiwak (3786 m); SAC-Sektion Basel.

20./21. August 1965: Der Waadtländer Henri Clot macht alleine die Überschreitung Nordgrat–Ostgrat, wobei er wegen Schlechtwettereinbruchs zwischen Grand Gendarme und Gipfel biwakieren muss.

28./29. Februar, 1. März 1968: Erste Winterdurchsteigung der Westwand durch die einheimischen Bergführer (und Cousins) Florentin und Régis Theytaz, und zwar auf einer neuen Route rechts derjenigen von Farrar, mit Ausstieg auf dem Schaligrat, «tout près du sommet», wie Pierre Vaney über die «brillante première ascension hivernale» in der SAC-Zeitschrift von 1968 schreibt. Der Helikopter bringt die beiden Winteralpinisten an den Wandfuss; erstes Biwak in der Wand auf 4000 m, das zweite auf 4380 m. Beim Abstieg über den Nordgrat müssen sie ein drittes Mal biwakieren. Régis Theytaz über die erste Biwaknacht bei −31 °C: «On s'est enduit le corps d'huile de marmotte pour ne pas avoir froid. Ça puait!» Murmeltieröl gegen die Kälte…

29./30. Dezember 1969: Erste Winterdurchsteigung der Nordostwand (Youngroute) durch die Ostschweizer Paul Etter, Ueli Gantenbein, Andreas und Ernst Scherrer. In Stichworten: Aufstieg von der Cabane de Tracuit aufs Bishorn, Abstieg in die obere Mulde des Bisgletschers,

1971: Wenn nur nichts runterfällt! Bruno Nedela und Fredy Birrer-Fellner steigen auf einem neuen Weg durch die gefährliche Nordostwand.

Biwak in der Wand auf 4350 m (bei −25°C), Abstieg vom Gipfel über den Nordgrat, Wiederaufstieg aufs Bishorn, Abfahrt nach Zinal. Im Dezember 1970 klettern die vier erstmals durch die Nordostwand des Finsteraarhorns, im Januar 1973 über den Ostpfeiler des Gross Grünhorns (mit Ruedi Käser anstelle von Ernst Scherrer).

10./11. April 1971: Die Schweizer Bruno Nedela und Fredy Birrer-Fellner eröffnen über Ostern eine neue, von Hängegletschern bedrohte Route im linken Wandteil der Nordostwand; Biwak im Aufstieg 150 m unterhalb des Gipfels. Abstieg über den Ostgrat bis ca. 4200 m, dann Traverse durch die Wand auf die Aufstiegsroute und über diese zurück an den Wandfuss. Sie publizieren nichts über diese Route, sodass sie einer britischen Seilschaft zugeschrieben wird, welche 1980 die Route wiederholt.

8.–10. Januar 1976: Gabriel Melly und Georges Vianin gelingt die erste Winterüberschreitung des Grats zwischen der Schulter des Zinalrothorns (4017 m) und dem Weisshorn.

6. Juli 1978: Erste Skiabfahrt. Die österreichischen Extremskifahrer Martin Burtscher und Kurt Jeschke kurven über den östlichen Teil der Nordostwand ab – eine neue, direkte Linie vom Gipfel hinab ins untere Bisgletscher-Becken, wobei die obersten Séracs östlich entlang dem Ostgrat umfahren werden, bevor die Skialpinisten auf 4300 m durch die Eisbrüche hindurch in die Wand einfahren. Kurt Jeschke: «Wir haben Glück, eine gesicherte Seillänge bringt uns anstandslos hinüber. Der Nebel lichtet sich ein wenig, und 900 Meter herrlicher, unberührter Schnee mit einem Gefälle von etwa 45 bis 48 Grad Neigung lädt uns ein. Er ist wie im Traum, die Plage des Zwölf-Stunden-Anstiegs ist vergessen; wir fahren die ganze Hangbreite ausnützend in genüsreichen Schwüngen zu Tal. Immer wieder müssen wir stehen bleiben und auf den tiefverschneiten Ostgrat blicken, über den wir uns wenig vorher

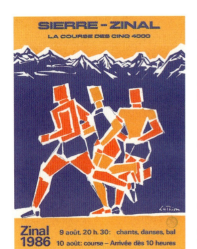

1974: Der Berglauf Sierre–Zinal findet alljährlich seit 1974 statt und ist ein grosser Klassiker. Man nennt ihn auch «das Rennen der fünf Viertausender», vom weissen Horn zur Dent Blanche. Plakat von Luc Lathion.

hinaufgekämpft hatten.» Über den Ostgratsattel kehren die beiden in die Weisshornhütte zurück.
23./24. September 1978: Einweihungsfeier zur Errichtung des metallenen Gipfelkreuzes anlässlich des 100. Geburtstages von Franz Lochmatter. Vitus Fux schuf das Kreuz, Theo Imboden die Jesusfigur.
6./7. März 1980: Erste Winterbegehung des Schaligrats im Alleingang durch Bergführer André Georges aus La Sage im Val d'Hérens.
16. September 1980: Patrick Gabarrou, Henri Roquette und Pierre-Alain Steiner steigen über die Burtscher-Jeschke-Route durch die Nordostwand auf, mit direkter Übersteigung der Séracs.
19. August 1981: Das Kreuz des Weisshorns in neuer Rekordzeit. Die Bergführer Armand und Aurel Salamin absolvieren in 7 Stunden 30 Minuten folgende Route: Schalijochbiwak–Aufstieg Schaligrat–Abstieg Nordgrat–Weisshornjoch und -gletscher–Aufstieg Younggrat–Abstieg Ostgrat. Drei Jahre später gewinnen die Brüder Salamin (Marcellin ist auch noch dabei) das klassische Skitourenrennen Patrouille des Glaciers Zermatt–Verbier, das damals wiederaufgenommen wird.
14.–17. September 1982: Der französische Bergführer Jacques Sangnier klettert als Erster solo durch die Westwand, mehr oder weniger auf der Route Vernet–Leininger (unten) und Farrar (oben). Der Walliser Berufskollege André Georges wiederholt die Alleindurchsteigung der Westwand am 21. September – in drei Stunden, während sein Vorgänger drei Biwaks benötigte. Im «Nouvelliste» bezeichnet der Nachfolger die Wand als hoch, aber nicht sehr schwierig, die Begehung von Sangnier (und seinen Stil) als Folklore und total deplatziert. Georges: «Ce monsieur nous casse les pieds. Il n'est plus dans le coup.» Vielleicht wäre es besser, wenn Sangnier, der «Yeti vom Weisshorn» (so der «Walliser Bote»), seine Westwandtouren ganz im Stillen machte...

17. Juli 1983: Die Italiener Giuseppe Bonfanti und Renzo Quagliotto steigen durch den linken Teil der Nordostwand, zuerst auf einer Rippe, dann im Steilhang östlich der Youngroute, auf der schliesslich die Besteigung beendet wird. Wie weit eine neue Linie gegenüber der Sanders-Route von 1910 und der Nedela-Route von 1971, ist schwierig zu sagen.
31. Juli 1983: Crash eines Rettungshelikopters der Air Zermatt auf dem Schaligletscher; der Flughelfer stirbt, Pilot und Bergführer werden schwer verletzt. Der Suchflug galt zwei Alpinisten, die später tot geborgen werden.
1983: Eröffnung der vergrösserten Cabane d'Arpitetta; sie gehört seit 1980 der Sektion La Dôle des SAC.
19.–22. März 1985: Jacques Sangnier schafft im dritten Versuch die Solodurchsteigung der Westwand im Winter.
15. Februar–4. März 1986: André Georges und Erhard Loretan klettern in einem Zug über den ganzen Gipfelkranz, der das 35 km lange Nikolai- oder Mattertal umgibt. Die 140 km lange «Transalpine Grächen–Zinal» führt über 10 Dreitausender und 28 Viertausender; zählte man den Lyskamm als zwei und das Breithorn als fünf 4000 Meter hohe Gipfel, wie es die offizielle 4000er-Liste macht, erhöhte sich die prestigeträchtige Zahl auf 33. Am 3. März traversieren die beiden Bergführer Weisshorn und Bishorn, vom Schalijochbiwak in die Cabane de Tracuit.
20. Januar 1989: Die Einheimischen Stéphane Albasini und Christian Portmann klettern durch die Westwand, wobei sie im oberen Teil einen neuen Weg eröffnen, der zwischen den Routen von Farrar und Theytaz verläuft.
3. Februar 1989: Stéphane Albasini und Christian Portmann steigen auf einer im mittleren Teil neuen Route gegenüber derjenigen der Italiener von 1983 durch die Nordostwand, wobei die Youngroute weiter oben erreicht wird. So hat es Maurice Brandt im Topo des dritten Bandes seines Clubführers durch die Walliser Alpen von 1993 eingezeichnet.
16. Januar 1990: Erste Winterbegehung des Younggrats durch Stéphane Albasini und Christian Portmann – das Weisshorn in der kalten Jahreszeit scheint den beiden wirklich zu behagen.
18. April, 9. Mai 1991: Felssturz von Randa; Zerstörung des Weilers Lerch, der Strasse und der Bahn, Überschwemmung durch die Vispa.

2001: Gedenktafel mit einem stilisierten Weisshorn für Hervé und Christian Portmann unterhalb des Col de Milon. Am 28. Oktober stürzen sie am Nordgrat ab. Christian machte an seinem Berg mehrere Wintererstbegehungen. Der Spruch stammt von René Desmaison.

16. Juni 1996: Die Slowenen Bojan Pockar und Ziga Petric eröffnen eine neue Route im rechten, 1150 m hohen Teil der Westwand – «Bratje v orzju» (Comrades in arms) verläuft in direkter Linie durch das grosse Eisfeld und zum Gipfel; im Fels bis VI+ schwierig, im Eis bis 75° steil. Im Jahr darauf kommen die beiden Alpinisten am Kabru ums Leben.
8. September 2000: Bergführer des Val d'Anniviers säubern den Younggrat von lockeren Felsen und richten die Route mit neuen Sicherungspunkten ein; sie geht nun direkt auf den Gipfel des Grand Gendarme hinauf und nicht mehr durch das Couloir rechts davon.
13. Juni 2009: Alex Dirigo und Christian Treimer befahren mit Ski die Nordostwand. Zustieg von der Turtmannhütte via Bisjoch, Aufstieg durch ein rechtes Coulour (50°) ins zentrale Couloir (45–50°) und direkt zum Gipfel (50–55°). Abfahrt vom Gipfel wie Aufstieg bis 3900 m, dann weiter unter dem Hängegletscher hinunter (45–50°) zum Wandfuss. Treimer auf www.skitouren.ch: «beste abfahrtszeit bei den aktuellen verhältnissen wäre wohl zwischen 7–8 Uhr gewesen. ab 10 Uhr wird die wand lebendig.» Anders gesagt: Am Weisshorn ist man eher zu spät als zu früh dran. Aber das ist bei den wirklich grossen Bergen so.

2009: Die Schwyzer Firma Victorinox wählt zu ihrer 125-Jahr-Feier das Weisshorn zum Jubiläumsbild; es wird seither auf der ganzen Welt eingesetzt.

Trips und Tipps

Besteigung des Weisshorns

Die Pyramide des Weisshorns (4506 m) weist drei Grate und drei Wände auf; zählt man auch die Westrippe des Grossen Gendarme (4331 m) zu den Graten (sie wird ja auch Younggrat genannt), sind es deren vier. Dazu passen die vier alpinen Unterkünfte. Die Routen in den stein- bzw. eisschlägigen Wänden werden kaum gemacht; zudem sind die Zustiege durch den Rückgang der Gletscher teilweise heikel geworden. Alle Gratwege sind lang und verlangen gute Verhältnisse, gutes Wetter und gute Alpinisten. Das Weisshorn, siebthöchster Gipfel der Schweiz, gehört ganz klar zu den schwierigsten helvetischen Viertausendern.

Die folgenden Angaben basieren auf dem SAC-Führer «Matterhorn – Dent Blanche – Weisshorn» sowie auf dem Topoführer «Walliser Alpen», beide aus dem Jahre 2010.

Von der Weisshornhütte über den Ostgrat: Die Normalroute, über die auch die Erstbesteigung erfolgte. Ziemlich schwierig, Kletterstellen bis 3a, Eis bis 45°, unten teilweise schwierige Orientierung, 1570 m Aufstieg, 5 bis 7 Std.

Von der Cabane de Tracuit über den Nordgrat: Der grosse Klassiker – gilt als einer der schönsten Grate der ganzen Alpen überhaupt. Ziemlich schwierig plus, Kletterstellen bis 4a, Eis bis 45°, 1350 m Aufstieg, 100 m Abstieg, 7 bis 8 Std.

Von der Cabane d'Arpitetta über den Younggrat: Einst die Normalroute von der Zinalseite, als die Fixseile noch hingen; die Haken stecken teilweise noch. Je nach Routenwahl schwierig bis sehr schwierig: Der originale Ausstieg vom Younggrat unterhalb des Gendarme in die Lücke zum Schneegrat ist leichter (4a), aber heikler, vor allem wenn vereist; die fünf Seillängen beim Direktaufstieg auf den Gendarme haben es klettertechnisch in sich, trotz neuer Bohrhaken (5a bis 5c). 1720 m Aufstieg, 7 bis 8 Std.

Vom Schalijochbiwak über den Schaligrat: Der längste Klettergrat am Weisshorn, aber noch länger und heikler ist der Zustieg zum Schalijochbiwak, vor allem der Abstieg vom Schalihorn. Schwierig plus, Kletterstellen bis 4b, 720 m Aufstieg, 5 bis 6 Std.

Hütten und Hotels

Weisshornhütte (2932 m): SAC, Sektion Basel, 30 Plätze, immer offen, von Mitte Juli bis Mitte September bewartet, Tel. 027 967 12 62, www.sac-basel.ch/huetten/weisshornhuette. Von Randa 4 ½ Std., von der Topalihütte 7 ½ Std.

Cabane de Tracuit (3256 m): SAC, Sektion Chaussy, 120 Plätze, Winterraum 30 Plätze, immer offen, April bis Mitte Mai und Juli bis Ende September bewartet, Tel. 027 475 15 00, www.tracuit.ch. Von Zinal 4 ½ Std., von der Cabane d'Arpitetta 3 Std.

Cabane d'Arpitetta (2786 m): SAC, Sektion La Dôle, 32 Plätze, immer offen, Juli bis September bewartet, Tel. 027 475 40 28, www.arpitettaz.ch. Von Zinal 4 Std.

Schalijochbiwak (3786 m): SAC, Sektion Basel, 8 Plätze, immer offen, kein Telefon, www.sac-basel.ch/huetten/schalijoch-biwak. Sehr schwieriger, hochalpiner Zustieg von der Rothornhütte über das Schalihorn (empfehlenswert), von der Weisshornhütte und von der Cabane d'Arpitetta.

Turtmannhütte (2519 m): SAC, Sektion Prévôtoise, 74 Plätze, Winterraum 24 Plätze, bewartet von Ende März bis Anfang Mai und Anfang Juni bis Ende September, Tel. 027 932 14 55, www.turtmannhuette.ch. Von Gruben 3 Std.

Topalihütte (2674 m): SAC, Sektion Genf, 44 Plätze, Winterraum 6 Plätze, immer offen, bewartet von Juli bis Mitte September, Tel. 027 956 21 72, www.topalihitta.ch.vu. Von St. Niklaus 4 ½ Std., von Jungu über die Wasulicke 6 Std.

Hôtel Weisshorn ob St-Luc (2337 m): 47 Betten, Tel. 027 475 11 06, www.weisshorn.ch. Von St-Luc im Val d'Anniviers 2 Std., von der Bergstation Tignousa 1 Std., von der Cabane de Tracuit 6 Std.

Hotel Schwarzhorn, Gruben (1818 m): 38 Betten, Tel. 027 932 14 14, www.hotelschwarzhorn.ch. Seilbahn Turtmann – Oberems, Bus nach Gruben im Turtmanntal. 4 ½ Std. vom Hotel Weisshorn ob St-Luc.

Junger Stübli, Jungu (1955 m): 10 Betten, Juni bis September offen, Tel. 027 956 21 01, 076 540 25 28, info@jungerstuebli.ch. Von St. Niklaus 2 ½ Std., von der Bergstation der Seilbahn 5 Min., von Gruben im Turtmanntal 5 ½ Std.

Tagesschau: Die Walliser Alpen mit Mischabel, Matterhorn und Weisshorn flimmern täglich über den Bildschirm.

Hotel Weisshorn, Törbel (ca. 1550 m): Tel. 027 952 21 34, www.hotelweisshorn.com. Liegt nicht an der achttägigen Tour du Weisshorn von der Cabane d'Arpitetta zur Weisshornhütte, aber bietet einen grandiosen Blick auf den Namensgeber (vgl. Bild auf S. 86–87). Postauto von Stalden.

Bergführermuseum St. Niklaus

Das älteste Gebäude des Nikolaitales, der wuchtige Meierturm aus dem Jahre 1273, beherbergt das Bergführermuseum St. Niklaus. Auf vier Stockwerken kann alles Wissenswerte zum Thema Bergführer erfahren werden, insbesondere zu den Zaniglaser Bergpionieren, die einst zu den bekanntesten und besten weltweit zählten. Gut gestaltete Tafeln geben einen spannenden Überblick, Gegenstände erzählen von grossen und traurigen Momenten. Im Turm mitten im Dorf, der allein einen Besuch lohnt, sind auch Heimat- und Mineralienmuseen untergebracht. Und bei der Kirche steht das Bergführerdenkmal. Öffnungszeiten: Dienstag und Freitag 16–18 Uhr, Tel. 027 956 36 63, info@st-niklaus.ch, www.st-niklaus.ch.

Filmtipp

«Treffpunkt Gipfelkreuz: Zwischen Himmel und Erde». Ein 2010 uraufgeführter Bergfilm von Köbi Julen und Wilhelm Zurbrügg über das Bergsteigen und Skitourenfahren ganz allgemein, vor allem aber über das Weisshorn und sein Gipfelkreuz als Endpunkt von drei Graten und als Symbol. Drei Seilschaften mit je einem Bergführer klettern über die drei Grate und kommen gleichzeitig oben an – ergreifend wie die oft schwindelerregenden Aufnahmen. 43 Min., erhältlich als DVD. www.treffpunkt-gipfelkreuz.ch, www.bergbibel.com.

Literaturverzeichnis

Hier werden nur die wichtigsten und von uns benützten Bücher und Zeitschriften angegeben. Abkürzungen: **AJ** Alpine Journal (London); **Alpina** Alpina. Mitteilungen des SAC; **Bd.** Band; **CAS** Club Alpin Suisse; **Chr.** Chronik; **EdA** L'Écho des Alpes; **Jb.** Jahrbuch; **Jg.** Jahrgang; **SAC** Schweizer Alpen-Club.

Allgemein
Couturier, Marcel: Le Weisshorn, in: Alpinisme 1930, S. 192–207.
L'Écho des Alpes. Publication des sections romandes du CAS (Genève), 1903, S. 1–85.
Kuster, Luzius; Perren, Ernesto: Am Wege zur leuchtenden Pyramide. Das Weisshorn und seine 100-jährige Hütte. Rotten Verlag, Visp 2000.
Meridiani Montagne: Corona imperiale. Editoriale Domus (Milano), Nr. 18, gennaio 2006.
Dick, Andreas: Weisshorn, in: Alpin 5/99.
Studer, Gottlieb: Ueber Eis und Schnee. Die höchsten Gipfel der Schweiz und die Geschichte ihrer Besteigung. Dalp'sche Buch- & Kunsthandlung, Bern 1870. 2. Auflage 1898.
Waeber, Michael: Das Weisshorn (4505 m). Der schönste Berg in den Alpen?, in: Bergsteiger 11/99, S. 31–34.
http://www.mountwiki.com/wiki/view/Weisshorn

Führer
Banzhaf, Bernhard Rudolf; Biner, Hermann; Theler, Vincent: Matterhorn, Dent Blanche, Weisshorn. Vom Col Collon zum Theodulpass. Alpine Touren Walliser Alpen. SAC-Verlag, Bern 2010.
Biner, Hermann: Hochtouren im Wallis – Vom Trient zum Nufenenpass. SAC-Verlag, Bern 2002.
Brandt, Maurice: Clubführer Walliser Alpen, Band 3, Col Collon – Theodulpass. SAC-Verlag, Bern 1993. Die französische Ausgabe 1986.
Dübi, Heinrich: Clubführer durch die Walliser Alpen, Band II, Vom Col Collon bis zum Col de Théodule. Publikation des SAC, St. Gallen 1916. Die französische Ausgabe 1922.
Feller, Egon; Mathieu, Roger: Skitouren Oberwallis. SAC-Verlag, Bern 2002.
Goedeke, Richard: 4000er. Die Normalwege. Bruckmann Verlag, München 1990.
Kurz, Marcel: Guide des Alpes valaisannes, vol. II, du Col Collon au Col de Théodule. Publication du CAS, Lausanne 1930. Deutsch: Clubführer durch die Walliser Alpen, Band II, hrsg. vom SAC, 1930. 2. Auflage des Führers von Kurz 1947.
Labande, François: Ski de randonnée Haut Valais. Editions Olizane, Genève 2008.
Sanga, Georges: Ski de randonnée Bas-Valais. Editions du CAS, Berne 2008.
Silbernagel, Daniel; Wullschleger, Stefan: Hochtouren Topoführer Walliser Alpen. Topo Verlag, Basel 2010.
Pusch, Wolfgang: Hochtouren Westalpen Band 1. 88 Fels- und Eistouren zwischen Tödi und Grand Combin. Mit Edwin Schmitt, Thomas Senf, Michael Waeber. Rother Verlag, München 2009; 2. Auflage 2011.

Karten
Landeskarte der Schweiz: 1:50 000, Blatt 5028 T Monte Rosa – Matterhorn (Wanderkarte); Blätter 283 T Arolla, 284 T Mischabel (Skitourenkarten); 1:25 000, Blätter 1307 Vissoie, 1308 St. Niklaus, 1327 Evolène, 1328 Randa.

Plakate
L'affiche en Suisse romande durant l'Entre-deux-guerres. Neuchâtel, 1994.
Fontanet, Jean-Claude: La montagne. Roman. Editions de la Table Ronde, Paris 1970.
Giroud, Jean-Charles: Un siècle d'affiches suisses de sports d'hiver. Édition P. Cramer, Genève 2006.
Paradis à vendre: Un siècle d'affiches touristiques suisses. Genève/Neuchâtel 2005.
Wyder, Bernard: Affiches valaisannes/Walliser Plakate. Rotten Verlag/Monographic/Mediathek Wallis, 2004.

Erstbesteigung und Erstbesteiger
Blakeney, T.S.; Dangar, D.F.O.: First Ascent of The Weisshorn, in: The Times, 19. August 1961.
Braham, Trevor: John Tyndall (1820–1893) and Belalp. In: AJ 98, 1993, S. 196–198.
Braham, Trevor: When the Alps Cast Their Spell. The In Pinn, Glasgow 2004.
Brock, William Hodson: Tyndall, John (1820–1893), in: Oxford Dictionary of National Biography, University Press, Oxford 2004.
Britsch, Mirjam: Endstation Belalp. Historischer Bergkrimi. Xanthippe Verlag, Zürich 2009.
Clark, Ronald: The Early Alpine Guides. Phoenix House, London 1949.
Eve, Arthur Stewart; Creasy, Clarence Hamilton: Life and Work of John Tyndall, Macmillan & Co., London 1945.
Gos, Charles: Tragédies alpestres. Payot, Lausanne 1940.
Gosset, Philip C.: Narrative of the Fatal Accident on the Haut-de-Cry – Canton Valais, in: AJ 1, 1863–1864, S. 288–294.
Guex, André: Zwei Berge, zwei Männer [Rothorn und Melchior Anderegg; Weisshorn und Johann Joseph Bennen], in: Berg, Schnee, Fels, 1960.
Jossen, Erwin: John Tyndall (1820–1893) und die Belalp, in: ders., Naters. Das grosse Dorf im Wallis, Naters 2000, S. 477–481.
Le Blond, Aubrey: An Avalanche on the Haut-de-Cry, in: True tales of mountain adventure for non-climbers young and old. London 1902.
Lyall, Alan: The First Descent of the Matterhorn. Gomer Press, Llandysul, 1997.
Mathews, Charles Edward: In Memoriam John Tyndall, in: AJ 17, 1894, S. 25–30.
Merz, Hans Peter: John Tyndall, Naturforscher und Alpinist, in: Walliser Spiegel, Nr. 8, 1980.
Modica, Gilles: Tyndall et Bennen. Un savant et son guide, in: Montagnes Magazine (Grenoble), Nr. 365, 4/2011, S. 70–74.
Reidy, Michael S.: John Tyndall's Vertical Physics: From Rock Quarries to Icy Peaks, in: Phys. Perspect. 12, Birkhäuser Verlag, Basel 2010.
Sackmann, Werner: John Tyndall (1820–1893) und seine Beziehungen zu den Alpen und zur Schweiz, in: Gesnerus, Schweiz. Zeitschrift für Geschichte der Medizin und der Naturwissenschaften, Vol. 50, 1993, Part 1/2, S. 66–78.
Schuster, Claud: Tyndall as a mountaineer, in: Postcript to adventure, London 1950.
Roth, Abraham: Gletscherführer, in: Jb. SAC, 1. Jg, 1864, S. 572–574.
Tyndall, John: The Weisshorn, in: The Illustrated London News, 7. September 1861.
Tyndall, John: Mountaineering in 1861. A vacation tour. Longmans. Green, London 1862.
Tyndall, John: Hours of exercise in the Alps. Longmans, London 1871. Deutsch: In den Alpen. Druck und Verlag von Friedrich Vieweg und Sohn, Braunschweig 1872; 2. Auflage 1899.
Tyndall, John: Un gentleman in cima al Weisshorn. Domus, Rozzano 2006.
Whymper, Edward: Scrambles amongst the Alps in the Years 1860–1869, Murray, London 1900 (5. Auflage; 1. Auflage 1871). Deutsch: Matterhorn – Der lange Weg auf den Gipfel. AS Verlag 2005.
Zsigmondy, Emil: Die Gefahren der Alpen. Leipzig 1885.

«Röstigrat»
Geographisches Lexikon der Schweiz, sechster und letzter Band Tavetsch – Zybachsplatte/Supplement. Verlag der Gebrüder Attinger, Neuenburg 1910.
Büchi, Christophe: «Röstigraben». Das Verhältnis zwischen deutscher und französischer Schweiz. NZZ Verlag, Zürich 2000.
Coolidge, W.A.B.: Nomenclature historique du Weisshorn, in: Annales valaisannes (Lausanne), tome 1, 1916/17, S. 44–54.
Bachmann, Philipp: Die Röstigraben-Route. Wandern entlang der Sprachgrenze vom Jura bis zum Matterhorn. Rotpunktverlag, Zürich 2010.
Henseler, Nathalie: Gipfelgeschichten. Wie die Schweizer Berge zu ihren Namen kamen. Faro Verlag, Lenzburg 2010.
Jegerlehner, Johannes: Das Val d'Anniviers (Eivischtal). Nebst einem Streifzug ins Val d'Hérens (Evolena). Francke Verlag, Bern 1904.
Jegerlehner, Johannes: Bergluft. Eine Erzählung aus der Schweizer Hochgebirgssommerfrische. Grote'sche Verlag, Berlin 1919, S. 131.
Julen, Albert: Die Namen von Zermatt und seinen Bergen im Lichte der Geschichte, in: Blätter aus der Walliser Geschichte, Band XI, 1. Jg., 1951.
Peregrin, Ger: Vom Jura zum Matterhorn der deutsch-französischen Sprachgrenze entlang. Schweizer Verlagshaus, Zürich 1982.
Wäber, Adolf: Walliser Berg- und Passnamen vor dem XIX. Jahrhundert, in: Jb. SAC, Bd. 40, 1904, S. 248–286.
Ulrich, Melchior: Die Seitenthäler des Wallis und der Monterosa. Orell Füssli, Zürich 1850, S. 46.

Bergführer
Basset, Alfred: Louis Theytaz (1867–1911), in: EdA 1911, S. 121–124.
Bellwald, Werner (Hrsg.): In Fels und Firn. Bergführer und Bergsteiger in Geschichte und Gegenwart. Veröffentlichungen des Lötschentaler Museums 1, Kippel 1994.

Cérésole, Alfred: A l'assaut du Weisshorn, in: EdA 1902, S. 331–335.
Cunningham, Carus Dunlop; Abney, William De Wiveleslie: The Pioneers of the Alps. London 1887.
Egger, Carl: Pioniere der Alpen. Amstutz, Herder & Co., Zürich 1946.
Farrar, John Percy: Alpine Accidents in 1910 and 1911 – Accident on the Glacier de Seilon, Death of Louis Theytaz, in: AJ 25, 1911, S. 445–447.
Farrar, John Percy: Franz Weisshorn Biner 1835–1916, in: AJ 31, 1917, S. 253–260.
Festschriften der Fêtes cantonales des guides, Zinal, 1972, 1980 und 1988.
Gos, Charles: Franz Lochmatter, in: Alpen SAC 1934, S. 267–278.
Gos, Charles: Vie d'un grand guide: Joseph Pollinger, in: Alpen SAC 1940, S. 325–332.
Guy, Alfred: L'ascension du Weisshorn par les cordes du versant Ouest, in: EdA 1903, S. 44–50.
Hungerbühler, Andrea: Könige der Alpen. Eine kultursoziologische Studie zum Bergführerberuf. Universität Bern 2010 (Manuskript).
Imboden, Christian: Die Anfänge des Tourismus in den Alpen. Am Beispiel der Bergführer von St. Niklaus, in: Alpen SAC 1995, Quartalsheft.
Kurz, Marcel: Théophile Theytaz, 1895–1936, in: Alpen SAC Chr. 1936, S. 11–12.
Roulin, Dominique: Persönlichkeiten aus der Geschichte des Alpinismus: Franz Lochmatter (1878-1933), in: Alpen SAC 1/1997, S. 55–58.
Strutt, E.L. ; Lloyd, R.W.; Amery, L.S.: Josef Pollinger 1873–1943, in: AJ 54, 1944, S. 296–303.
Young, Geoffrey Winthrop: Louis Theytaz (1867–1911), in: AJ 25, 1911, S. 444f.
Young, Geoffrey Winthrop: Franz Lochmatter (1878–1933), in: AJ 45, 1933, S. 355–363.

Unterkünfte

Balmer, Dres: Wanderziel Hütte. Ein Kulturführer zu 50 SAC-Hütten. SAC-Verlag, Bern 2006.
Banzhaf, Bernhard Rudolf: Alpinwandern Wallis. SAC-Verlag, Bern 2003.
Binder, Johann Jakob: Die Weisshornhütte, in: Neue Alpenpost, Nr. 9, 1879, S.203-205.
Buchmann, Didier (Text); **Weh, Ludwig** (Foto): «Ich wollte nur eine Saison bleiben», in: Walliser Bote Extra, Nr. 11, 2007, S. 4–8.
Fünfundsiebzig Jahre Sektion Basel S.A.C. 1863-1938, Basel 1938, S. 96–97.
Die Clubhütten des Schweizer Alpen-Club im Jahre 1927, Lausanne 1928.
Die Einweihung der Weisshorn-Clubhütte, in: Alpina, 1900, S. 111–113.
Giese, Helge von: Zabaglione: ja – Dusche: nein. Hütte des Monats: Weisshornhütte, in: Alpin 10/2010, S. 96–99.
Güssfeldt, Paul: Zermatter Berge – Weisshorn, in: Jb. SAC, 15. Jg., 1879, S. 232–239.
Hächler, Beat: Eine Bande dessinée, die (fast) das Leben schrieb. (zu St-Luc), in: Ganz/Strebel: Dies Land ist maßlos und ist sanft. Literarische Wanderungen im Wallis, Rotpunktverlag, 2006.
Hagenbach, Eduard: Ein Abend in der Weisshornhütte. Stück, uraufgeführt zur Einweihung der (neuen) Weisshornhütte, 1900.

Hahn, L.: Quatre jours dans la Vallée de Tourtemagne, in: EdA, 1895, S. 421–431.
Harpe, Charles de la: Quelques renseignements sur Randa, in: EdA, 1895, S. 232–248.
Ihle, Jochen: Wanderungen zu historischen Berghotels. Werd Verlag, Zürich 2010.
Kürschner, Iris: Der Matterhorn-Trek. AT Verlag, Baden 2006.
Malby, Reginald A.: With camera and rücksack in the Oberland and Valais. Headly Brothers, London 1913, S. 167.
Martin, Jacques; Moor, Bob de: Le repaire du Loup. Les aventures de Lefranc, Bd. 4., Paris 1974.
Meyer, Leo: Das Turtmanntal. Eine kulturgeschichtliche Studie, in: Jb. SAC 1923, S. 279–322.
Pichard, R.: Agrandissement et inauguration du Refuge Baumgartner, in: Alpen SAC Chr. 1954.
Schlatter, E.: Inauguration du refuge d'Ar Pitetta, in: Alpen SAC Chr. 1954, S.175.
Thomas, E.: De l'utilité d'une cabane au col de Tracuit – appel, in: EdA,1924, S. 344–346.
Thomas, E.: Inauguration de la cabane de Tracuit, in: Alpen SAC Chr. 1929, S. 230.
Wolf, Ferdinand Otto: Die Thäler von Turtmann und Eifisch. Zürich 1886.
Vurlod, Marc: L'histoire de la Cabane de Tracuit, in: Echo du Chaussy, Nr. 4. Juli 2004.
Weilenmann, Johann Jakob: Streifereien in den Walliser-Alpen, in: Aus der Firnenwelt, Band 1. Liebeskind Verlag, Leipzig 1872, S. 94.
Wortmann, Ferdinand: Die neue Clubhütte am Weisshorn, in: Jb. SAC 1900, S. 306–311.

Grabmal Weisshorn

http://annitrek.blogspot.com/2010/10/un-meteore-georg-winkler.html
Disparition d'un touriste sur le Weisshorn, in: EdA 1888, S. 227f.
Colli, Dante: Alpinismo leggendario: la vita e le imprese di Georg Winkler: dal Kaisergebirge alle Dolomiti. Gribaudo, Cavallermaggiore 1994.
Couzy, Agnès: Femmes alpinistes. Éditions Hoëbeke, Paris 2004.
König, Erich: Empor! Georg Winklers Tagebuch. In Memoriam. Ein Reigen von Bergfahrten hervorragender Alpinisten von heute. Verlag Grethlein & Co., Leipzig 1906.
Mailänder, Nicholas: Im Zeichen des Edelweiss. AS Verlag, Zürich 2006, S. 83–91 (Winkler).
Noll-Hasenclever, Eleonore: Den Bergen verfallen. Alpenfahrten von Eleonore Noll-Hasenclever. Union Deutsche Verlagsgesellschaft, Berlin 1932.
Oechslin, Max; Pidoux, Edmond: Georg Winkler †; in: Alpen SAC Chr. 1956, S. 180–183.
Reznicek, Felicitas von: Von der Krinoline bis zum sechsten Grad. Verlag das Bergland-Buch, Salzburg 1967 (Noll).
Scortegagna, Ugo: Alpinismo e Alpinisti. Tappe fondamentali raccontate dai protagonisti. Duck Edizioni, Mirano 2003, S. 100–110 (Winkler).
Trenker, Luis: Helden der Berge. Henius & Co., Berlin 1935; 4. Auflage Bertelsmann, München 1981, S. 73–83 (Winkler).
Wirz, Tanja: Gipfelstürmerinnen. Eine Geschlechtergeschichte des Alpinismus in der Schweiz 1840–1940. hier + jetzt, Baden 2007.

Eis- und Felsstürze

Naturforschende Gesellschaft Oberwallis (NGO): Ignaz Venetz 1788–1859. Ingenieur und Naturforscher. Gedenkschrift. Mitteilungen der NGO, Bd. 1, Rotten-Verlag Brig, 1990.
Naturforschende Gesellschaft Oberwallis (NGO): Der Bergsturz von Randa 1991. Eine Dokumentation. Mitteilungen der NGO, Bd. 2. NGO 1995.
Bauder, Andreas; Pralong, Antoine; Funk, Martin; Faillettaz, Jérome: Die Gletscher der Schweizer Alpen 2003/04 und 2004/05, in: Alpen SAC 10/2006, S. 41–43.
Engelhardt, Christian Moritz: Naturschilderungen, Sittenzüge und wissenschaftliche Bemerkungen aus den höchsten Schweizer Alpen. Schweighauser'sche Buchhandlung, Basel 1840.
Flüeler, Elsbeth: Berge entstehen – Berge vergehen. Wanderungen zu Bergstürzen entlang der Alpen. Hep Verlag, Bern 2011.
Höfler, Horst; Witt, Gerlinde: Katastrophen am Berg. Bruckmann Verlag, München 2010.
Mühl, Melanie: Menschen am Berg. Nagel & Kimche, München 2015, S. 29–36.
Truffer, Bernhard: 250 Jahre Pfarrei St. Sebastian Randa 1731–1981. Herausgeben von der Gemeinde Randa, 1981.
Venetz, Ignaz: Nachricht von dem am 27. Dec. 1819 erfolgten Einsturz des Weisshorn-Gletschers und der Zerstörung des Dorfes Randa im Vispacher Thale, in: Naturwissenschaftlicher Anzeiger, 4. Jg., Nr. 3, Bern 1820, S. 62–64.

Geoffrey Winthrop Young

Hankinson, Alan: Geoffrey Winthrop Young. Poet, Mountaineer, Educator. Hodder & Stoughton, London 1995.
Thompson, Simon: Unjustifiable Risk? The Story of British Climbing. Cicerone Press, 2010.
Weiss, Jürg: Geoffrey Winthrop Young als Bergsteiger und Schriftsteller, in: Alpen SAC,1941.
Unsworth, Walter: Because it is there. Famous mountaineers 1840–1940. Victor Gollancz, London 1973.
Young, Geoffrey Winthrop: The Roof Climber's Guide to Trinity. Spalding, Cambridge 1900.
Young, Geoffrey Winthrop: Wind and hill. Smith, Elder, London 1909.
Young, Geoffrey Winthrop: Mountain Craft. Methuen, London 1920. Die Schule der Berge. F.A. Brockhaus, Leipzig 1925.
Young, Geoffrey Winthrop: On High Hills. Memories of the Alps. Methuen, London 1927
Young, Geoffrey Winthrop: Mountains with a Difference. Eyre and Spottiswoode, London 1951.
Young, Geoffrey Winthrop: The Grace of Forgetting. Country Life, London 1953.
Young, Geoffrey Winthrop: Meine Wege in den Alpen. Verlag Hallwag, Bern, 1955.
Young, Geoffrey Winthrop: The Influence of Mountains upon the Development of Human Intelligence. Jackson, Glasgow 1957.

Gipfelliteratur

Bruneton, Marie: Traversée du Weisshorn, in: La Montagne. Revue mensuelle du CAF, Nr. 6, 1907.
Dübi, Heinrich: Das Weisshorn, in: Jahrbuch des Schweizer Alpen-Clubs, 12. Jahrgang, 1877.
Frei, Otto: Abschied in Zermatt. Arche Verlag, Zürich 1980.
Furrer, Art: My Way. Spuren meines Lebens. Bearbeitet von Carl Just. Ringier Buchverlag, Zürich 1996, S. 53–58 (das Weisshorn als erster Viertausender mit unfreiwilliger Biwaknacht).
Furter, Willy: Weisshorn-Nordgrat, in: Alpen SAC 1940, S. 49–53.
Gallet, Julien: Dans l'Alpe ignorée. Explorations et Souvenirs. Imprimeries réunies, Lausanne 1910.
Gardy, Denise: Traversée du Weisshorn, in: Nos Montagnes, Mai 1947, S. 123–126.
Genoud, Guy: Itinéraire d'un guide de haute montagne. Editions Porte-Plumes, Ayer 2008.
Haar, Jaap ter: Noodweer op de Weisshorn. Van Holkema & Warendorf, Amsterdam 1961. Unwetter am Weisshorn. Loewes Verlag, Stuttgart 1961.
Häberlin, E.J.: Gletscherfahrten in Bern und Wallis im Sommer 1869, in: Jb. SAC, 6. Jg, 1869.
Hohler, Franz: Ein Weltuntergang, in: Zur Mündung. 37 Geschichten von Leben und Tod. Luchterhand Verlag, München 2000.
Hunziker, Hans: Allein um und aufs Weisshorn. Basel 1945.
Javelle, Emile: Ascension du Weisshorn, in: ders., Souvenirs d'un alpiniste. Lausanne 1886. Besteigung des Weisshorns, in: Alpen SAC 1937.
Kuhfahl, Gustav: Eine Überschreitung des Weisshorns von Zinal nach Randa, in: Wandern und Reisen. Illustrierte Zeitschrift für Touristik, Landes- und Volkskunde, Kunst und Sport (Düsseldorf), 2. Jg., 1904, S. 95–100.
Lendenfeld, Robert von: Aus den Alpen, Band 1: Die Westalpen. F. Tempsky, Prag und Wien; G. Freytag, Leipzig 1896, S. 193.
Maeder, Herbert: Gipfel und Grate. Das Erlebnis der Schweizer Berge. Walter Verlag, Olten 1980.
Nadai, Josef: Weisshorn–Schalligrat, in: Alpen SAC 1949, S. 413–417.
Oertli, Hans: Eine Überschreitung des Weisshorns von Süden nach Norden, in: Alpen SAC 1940, S. 237–241.
Purtschert, Patricia: Früh los. Im Gespräch mit Bergsteigerinnen über siebzig. hier + jetzt Verlag, Baden 2010.
Rigele, Fritz: 50 Jahre Bergsteiger. Erlebnisse und Gedanken. Berlin 1935, S. 284–298.
Robert, Eugène A.: Au Weisshorn, in: Alpen SAC 1930, S. 307–314.
Savard, Jean: La nuit du Weisshorn, in: Revue Alpine, publiée par la Section Lyonnaise du Club Alpin Français, n° 319, 1er trim. 1939.
Schelbert, Heidi: Weisshorn, in: Nos Montagnes, Januar 1965, S. 3–6.
Schmachtenberg, Carl: Eine Besteigung des Zermatter Weisshorns, in: Alpen SAC 1940.
Schmid, Walter: Glückliche Tage auf hohen Bergen. Die Viertausender der Schweizer Alpen. Hallwag Verlag, Bern 1951, S. 163–173.
Schmidt, Albert: Sonnentage am Weisshorn, in: Alpen SAC 1987, Quartalsheft, S. 10–19.
Simon, Felix: Felstürme und Eiswände. Vom Elbsandstein zum Eis des Nanga Parbat, Brockhaus Verlag, Leipzig 1958, S. 165.
Sinek, Ludwig: Bergfahrten. Verlag der Österreichischen Bergsteiger-Zeitung, Wien 1950.
Schweizer, F.: Weisshorn, Monte Rosa, Montblanc, Col du Géant, in: Neue Alpenpost (Zürich), Bd. VII, Nr. 24, 15.6.1878.
Schulze, Ernst: Sonnennähe – Erdenferne. Erlebnisse eines Bergsteigers. Haessel Leipzig 1928, S. 159–165.
Seylaz, Louis: Dans le brouillard, in: EdA 1907.
Täuber, Carl: Das Walliser Hochgebirge. Verlag A. Tschopp, Zürich 1911.
Thioly, François: Ascension du Weisshorn, in: Jb. SAC, 5. Jg., 1869, S. 63–79.
Visoni, Arthur: Double traversée du Weisshorn, in: Alpen SAC 1950, S. 281–287, 361–367.
Weilenmann, Johann Jakob: Ersteigung des Weisshorns bei Randa, in: Aus der Firnenwelt, Bd. 3. Liebeskind Verlag, Leipzig 1877.
Wyss, Edouard: L'appel des sommets. Editions V. Attinger, Neuchâtel 1931.
Young, Geoffrey Winthrop: Auf dem Gipfel des Weisshorns, in: Alpen SAC, 1943, S.192.

Chronik

Arbellay, Charly-G.: Le Weisshorn en a fait rêver plus d'un!, in: Le Nouvelliste, 2.2.2011.
D'Arcis, Egmond: Une tentative au Weisshorn en 1860, in: Alpen SAC 1951, S. 309–312.
Biehly, Hans: Das Weisshorn über den Nordgrat, in: Jb. SAC 1898, S. 78–90.
fm: Dramatischer Gipfelsturm, in: Walliser Bote, 27.4.1985 (Sangnier).
Georges, André: Une vie pour la montagne. Éditions Favre, Lausanne 2010.
Jacques Sangnier vainc enfin au Weisshorn, in: Le Nouvelliste, 13.4.1985, S.1, 24, 30.
Jeschke, Kurt: Skiabfahrten über drei klassische Eiswände, in: Alpinismus 3/1979, S. 16–18.
Kitson, John Hawthorn: The Weisshorn from the North, in: AJ 5, 1870–1872, S. 350ff.; in: Peaks, Passes, and Glaciers. Third series, London 1932.
Kurz, Marcel: Guide du skieur des Alpes valaisannes, vol. 2, Du Col Collon au Monte Moro. Publication du Club Alpin Suisse 1939.
Kurz, Marcel: Le versant ouest du Weisshorn, in: Alpen SAC 1947, S. 37–40.
Meier, Emil: Weisshorn-Nordgrat im Winter, in: Alpen SAC, 1941, S. 47–50.
Meier, Emil: Bergfahrten. Typoskript des Fahrtenbuches 1926–1950, herausgegeben von Max Oechslin, Altdorf 1955.
Plietz, Samuel: Max Bachmann †, in: Alpen SAC. 1941, S. 21–23.
Pfann, Hans: Führerlose Gipfelfahrten in den Hochalpen, dem Kaukasus, dem Tian-Schan und den Anden. Union Deutsche Verlagsgesellschaft, Berlin 1941, S. 77–84.
Polémique autour du Weisshorn, in: Le Nouvelliste, 22.9.1982, S. 1, 42.
Ryan, L.F.: The First Winter Ascent of the Weisshorn, in: The Climbers' Club Journal (London), Vol. IV, 1901, S. 170–177.

Personenverzeichnis

Abbet, Benoît: 71, 72
Abbet, Félix: 71–73, 149, 152, 164
Albasini, Stéphane: 166
Almer, Christian: 50, 162
Almer, Hans: 163
Almer, Ulrich: 162, 163, 164
Anderegg, Jakob: 162
Anderegg, Melchior: 50, 62, 162
Bachmann, Max: 164–165
Baumgartner, Joseph: 78
Benet, Johann Joseph: 9, 25–45, 47, 49, 50–51, 162
Biehly, Hans: 143, 163
Biner, Aloys: 164
Biner, Franz: 61–62, 162
Biner, Johann Anton: 61
Biner, Joseph-Marie: 62, 163
Birkbeck, John jr.: 62
Birrer-Fellner, Fredy: 165
Bohren, Peter: 49, 50
Boissonet, Louis: 50
Bonfanti, Giuseppe: 166
Brandt, Maurice: 98, 158, 166
Brantschen, Daniel: 90
Brantschen, Hans: 164
Brantschen, Heinrich: 165
Brantschen, Johann und Joseph: 61
Brantschen, Niklaus: 164
Brevoort, Meta: 162
Britsch, Mirjam: 48, 61
Broome, Edward Alfred: 62, 163
Brown, T. Graham: 164
Burgener, Alexander: 99–103, 143
Burgener, Heinrich: 143, 163
Burtscher, Martin: 165
Buxton, Edward North: 62
Cairney, Maud: 73
Carrel, Cesar, Jean-Antoine und Jean-Jacques: 47
Charlet, Michel: 70, 162
Christa, Emanuel: 163
Christen, Ernest: 146
Clot, Henri: 165
Cooke, A. G.: 72, 163
Coolidge, W. A. B.: 55, 162
Cornish, Theodore: 163
Couturier, Marcel: 9
Crettez, Jules und Maurice: 72
Croz, Jean-Baptiste: 50, 70, 162
Damatter, Peter: 61
Davidson, William Edward: 162
Dietz, Arthur: 94, 98
Dirigo, Alex: 166
Dittert, René: 165
Douglas, Francis: 71
Dübi, Heinrich: 20, 142
Egger, Carl: 62, 163
Ellis, Godfrey W. H.: 164
Engelhardt, Christian Moritz: 61
Epiney, Jean-Baptiste: 70, 71
Etter, Paul: 165
Faraday, Michael: 35, 47
Farrar, John Percy: 62, 163–166

FitzHerbert, A. V.: 72
Flory, Léon: 165
Fontanet, Jean-Claude: 15, 156
Forster, R. W. Elliot: 26, 49
Foster, George Edward: 162
Fuchs, Fritz: 142
Fux, Vitus: 166
Gabarrou, Patrick: 166
Gabbett, William Alexander: 64
Gallet, Julien: 90, 148
Galton, Francis: 40
Gantenbein, Ueli: 165
Gardy, Denise: 156
Geiger, Hermann: 91
Genoud, Guy: 149
Genoud, Jean: 73
Georges, André: 166
Gos, Charles: 51, 68, 126
Gosset, Philippe: 50, 51
Graf, Adolf: 142
Graven, Alexander: 164
Grill, Johann: 163
Gruber, Georges: 69
Grünwald, H. und R.: 164
Güssfeldt, Paul: 88
Guy, Alfred: 72, 164
Haar, Jaap ter: 156
Hahn, Kurt: 126
Hamilton Tyndall, Louisa: 44, 51
Hankinson, Alan: 118
Hartley, James Walker: 162
Hawkins, Francis Vaughan: 45, 47, 50, 51
Hemptinne, Marc de: 164
Heywood, Marcus Beresford: 117
Hoare, Henry Seymour: 162
Hoffmann, Roger: 164
Hohler, Franz: 158
Holtzmann, Olga Wanda Bertha: 118
Horeschowsky, Alfred: 103
Hotz, Hermann: 68, 69, 164
Howells: 162
Hudson, Charles: 51
Hugi, Franz Josef: 51
Hulbert, W.: 71
Hunziker, Hans: 146
Huxley, Aldous: 124
Imboden, Ambros: 62, 163
Imboden, Josef: 64
Imboden, Theo: 166
Imseng, Ferdinand: 162, 163
Irvine, Andrew: 124
Jäger, Gebrüder: 81
Jaun, Johann: 162
Javelle, Emile: 16, 26, 71, 154
Jegerlehner, Johannes: 53, 54
Jeschke, Kurt: 165
Julen, Josef-Marie: 164
Kalbermatten, Joseph: 148
Kaufmann, Christian: 47
Kaufmann, Ulrich: 47, 49
Kennedy, Thomas Stuart: 51
Keynes, John Maynard: 124
Kitson, John Hawthorn: 143, 162
Knubel, Josef: 64–68, 117–124, 127, 159, 164, 165

Knubel, Peter: 64
König, Erich: 93–98
Kraus, Georg von: 156
Kronig, Johann: 62, 162
Kropf, W.: 73
Kuhfahl, Gustav: 73, 152
Kurz, Marcel: 72, 158, 162, 163
Kuster, Luzius: 88
Lambien, Anton: 6, 54, 162
Lammer, Eugen Guido: 95, 98, 163
Lauener, Christian: 47
Leininger, Jean: 164
Lendenfeld, Robert von: 148
Levi, Felix: 103, 118, 163
Liveing, Robert: 162
Lloyd, Robert Wylie: 64, 65
Lochmatter, Alexander: 64
Lochmatter, Franz: 64–69, 119, 122, 124, 164, 166
Lochmatter, Gabriel: 118, 164
Lochmatter, Hermann: 165
Lochmatter, Josef Marie: 64, 68
Lochmatter, Josef: 64, 68–70, 118, 119, 122, 163, 164
Lochmatter, Rafael: 69, 163
Lorenz, Hans: 163
Loretan, Erhard: 166
Loretan, Johanna: 81
Lunn, Arnold: 164
Maeder, Herbert: 148
Main, Elizabeth: 64
Malby, Reginald A.: 81, 82
Mallory, George: 124, 126
Maquignaz, Ange, Antoine und Daniel: 163
Maquignaz, Jean-Joseph: 48
Martin, Jacques: 80
Martin, Jean: 71
Marullaz, Francis: 165
Mathews, Charles Edward: 62, 162
Mathews, George Spencer und William: 55, 70, 162
Mayor, R. G.: 118, 164
Meade, Charles F.: 69, 70
Meier, Carlo: 154
Meier, Emil: 164
Melly, Gabriel: 165
Meyendorff, Nadine de: 65
Meyer, Leo: 81
Monney, Elie: 71
Moor, Bob de: 80
Mooser, Josef: 142
Moreillon, Armand: 165
Murisier, Léonce: 72
Musy, Jean-Marie: 36
Nadai, Josef: 90, 141, 165
Nedela, Bruno: 142, 165
Noll-Hasenclever, Eleonore: 93, 98–103, 164
Noyce, Wilfrid: 164
Ormsby, John: 162
Passingham, George Augustus: 162
Perren, Alexander und Gottfried: 164
Perren, Peter: 50
Perren, Theodor: 158
Peter, Elie: 71

Petric, Ziga: 166
Pfann, Hans: 99, 103, 163, 164
Pockar, Bojan: 166
Pollinger, Adolf: 64
Pollinger, Alois: 64, 69, 142, 162, 163
Pollinger, Heinrich: 164
Pollinger, Josef: 64, 65, 69, 70
Pont, Basile: 71
Portmann, Christian und Hervé: 166
Purtschert, Patricia: 154, 165
Quagliotto, Renzo: 166
Rein, Hans: 90, 141, 165
Rey, Guido: 163
Rieckel, Eugénie-Louise (Eugénie-Louise Gallet): 148
Rigaud, Ernest: 165
Rigele, Fritz: 156
Robertson, Donald: 124
Roget, François Frédéric: 72
Roquette, Henri: 166
Roth, Simon: 15
Rouvinet, Victor: 71
Rouvinez, Benjamin: 72, 163, 164
Rubi, Peter: 49, 162
Rüger, Oskar: 152
Rutherford, Ernst: 124
Ryan, Lionel F.: 69, 163
Ryan, Valentine J. E.: 69, 118–122, 163, 164
Salamin, Armand und Aurel: 166
Salamin, Ignace: 149
Sanders, Mary Dolling und R. J.: 164
Sangnier, Jacques: 15
Sarbach, Peter: 64
Savard, Jean: 164
Savioz, Marcel: 73
Schaller, Johann: 88
Schelbert, Albin und Heidi: 154
Scherrer, Andreas und Ernst: 165
Schlunegger, Adolf: 158
Schmid, Walter: 146
Schmidt, Albert: 154
Schmitt, Robert Hans: 94
Schulthess, Ernst: 90, 141, 165
Schulze, Ernst: 141, 142
Schwarzen, Alois: 88
Schweizer, F.: 154
Seylaz, Louis: 152
Shipton, Eric: 127
Sill, Edward Rowland: 51
Sinek, Ludwig: 157
Slingsby, Cecil: 119
Smith, Oliver Perry: 118, 159, 164
Steiner, Pierre-Alain: 166
Stephen, Leslie: 9, 25, 48, 50, 61, 62, 70, 162
Studer, Gottlieb: 152, 162
Supersaxo, Ambrosius: 162
Tairraz, Victor: 50
Täuber-Brown, Carl: 149, 152
Taugwald, Josef und Peter: 142
Taugwalder, Peter: 71
Theytaz, Basile:
Theytaz, Benoît: 71, 75, 118, 163
Theytaz, Florentin: 149, 165

Theytaz, Hilaire: 73
Theytaz, Louis: 71–73, 75, 117–119, 163
Theytaz, Régis: 165
Theytaz, Théophile: 73
Thioly, François: 18, 84, 142, 159
Thomas, E.: 78
Topali, Constantin P.: 83, 84
Torrenté, Antoine de: 70
Treimer, Christian: 166
Trier, Hermann: 98, 99, 103, 164
Tuckett, Francis Fox: 50, 51
Tyndall, John: 5, 9, 25–51, 61, 84, 141, 162
Ulrich, Melchior: 54
Venetz, Ignaz: 105–108, 110
Vernet, Jean: 164
Versluys, Abraham: 164
Viaccoz, Myriam: 15
Vianin, Georges: 165
Vianin, Joseph: 55, 70, 71, 162
Voillat, Adrien und Rose: 98
Wagner, Edward: 163
Walker, Horace und Lucy: 162
Walser, Gabriel: 54, 55, 162
Weilenmann, Johann Jakob: 70, 71, 81, 142, 162
Weitzenböck, Richard: 102, 103
Welzenbach, Willo: 103, 156, 157
Wenger, Ulrich: 9, 25–45, 47, 49, 162
Whymper, Edward: 25, 36, 48, 50, 51, 59, 62, 65, 91
Wiedemann, Gustav: 25
Wieland, Hans Beat: 53
Wien, Karl: 157
Winkler, Georg: 93–98, 119, 163
Winkworth, Stephen und Emma: 50
Wunsch, Margaret: 155, 158
Wyss, Fritz: 142
Young, Eleanor (Eleanor Slingsby): 119, 124
Young, Geoffrey Winthrop: 68, 69, 71–73, 75, 76, 103, 117–127, 159, 163, 164
Zachmann, Emil: 164
Zecchini, Giuseppe: 152
Zott, Alois: 94, 98
Zumtaugwald, Julius: 148
Zurbriggen, Louis: 162
Zurbriggen, Matthias: 65
Zürcher, Alfred: 164, 165

Biografien der Autorinnen und Autoren

Daniel Anker, geboren 1954, arbeitet als Journalist und Bergpublizist. Er ist Verfasser mehrerer Skitouren-, Wander- und Radführer für die Schweiz sowie für Côte d'Azur, Languedoc-Roussillon und Kalifornien. Daneben gibt er im AS Verlag Bergmonografien über grosse Gipfel der Schweiz heraus. Freier Mitarbeiter von NZZ, outdoor guide und Alpen SAC, Rezensent beim Schweiz. Bibliotheksdienst, «Ankers Buch der Woche» auf www.bergliteratur.ch. Lebt in Bern.

Françoise Funk-Salamí, geboren 1971, diplomierte Naturwissenschafterin ETH mit Fachrichtung Glaziologie. Arbeitet heute als freie Fotografin für diverse Magazine, Verlage und Auftraggeber im In- und Ausland, bevorzugt zu den Themen Gletscher, Landschaften und Bergsport. Lieblingsdestinationen sind die Walliser Alpen, das Bergell und die Dolomiten. Seit 2007 Partnerfotografin der Bildagentur Keystone. Lebt in Zürich und in ihrer Walliser Heimat.

Matthias Huss, geboren 1980, hat an der ETH Zürich als Glaziologe promoviert und arbeitet heute als Oberassistent an der Universität Fribourg und als Kantonsschul-Lehrer in Zürich. Er ist Autor diverser Publikationen in Zeitschriften zum Thema Gletscherrückgang in den Alpen in Vergangenheit und Zukunft.

Fabian Lippuner, geboren 1982, ist diplomierter Umweltingenieur und arbeitet in der Umweltbildung und im Gewässerschutz. Seine Leidenschaft für die Alpen transportiert er in Wort und Bild ins weltweite Netz, in naher Zukunft auch zwischen zwei Buchdeckel. Gefühltes Zuhause sind die Bündner Berge und der Alpstein, im Alltag pendelt er zwischen Zürich und Schaffhausen.

Luzius Kuster, geboren 1947 in Basel. Obwohl es ihn in die Höhe zog, erlernte er den Beruf des Tiefbauzeichners und zog 1967 nach Randa. Er waltet in seiner 45. Saison (im Jahre 2011) auf der Weisshornhütte und ist auch für das Schalijoch-Biwak zuständig. Dieses liegt von der Weisshornhütte aus im Fokus seines starken Fernglases. In der Zwischensaison arbeitete er für ein Vermessungsbüro und im Winter als Pistenbully-Fahrer in Zermatt.

Karin Steinbach Tarnutzer, geboren 1966, Literatur- und Kommunikationswissenschaftlerin, arbeitete als Lektorin in München und Zürich mit zahlreichen Alpinisten und Bergbuchautoren zusammen. Heute lebt sie als freie Journalistin und Autorin in St. Gallen. Ihre Besteigung des Weisshorns war Teil ihrer Hochzeitsreise, mit dem Trauzeugen als Seilschaftsdritten. Nicht ganz so hoch kam sie an Georg Winklers Boulderblock am Münchner Isarhochufer.

Marco Volken, geboren 1965 in Mailand und im Tessin aufgewachsen, an sich aber Walliser, früher mal Physiker, dann Reisebüro-Inhaber, ist heute freier Fotograf und Autor und lebt in Zürich. Er hat zahlreiche Bücher über alpine Themen (mit)veröffentlicht, darunter Bildbände, Sachbücher, Wander-, Hütten-, Kletter- und Skitourenführer; im AS Verlag war er Herausgeber der Bergmonografien zu Bietschhorn, Pizzo Badile und Monte Rosa. Als Fotograf arbeitet er zudem für Zeitschriften, Non-Profit-Organisationen, Werbung und Tourismus.

Ludwig Weh, geboren 1945 in Solothurn, zog 1966 nach Visp, wo er als Maschinenkonstrukteur bei der Lonza AG arbeitete. Er bestieg sämtliche Viertausender der Schweiz und viele Berge im Himalaja und in den Anden. Er wandelte sich dabei vom fotografierenden Bergsteiger zum bergsteigenden Fotografen. Seine Bilder in Büchern, Bergzeitschriften, Berg- und Wanderführern, Kalendern und Ansichtskarten und seine Dia-Vorträge machten ihn weit herum bekannt. Partnerfotograf der Bildagentur Keystone.

Emil Zopfi, geboren 1943, lebt als Schriftsteller in Zürich. Er hat mehrere Romane, Hörspiele, Kinderbücher, Essays und Kolumnen verfasst und wurde vielfach ausgezeichnet, u.a. mit den Kulturpreisen des Schweizer Alpen-Clubs und des Kantons Glarus, mit dem King Albert Mountain Award und Preisen von Stadt und Kanton Zürich. Im AS Verlag hat er u.a. Bergmonografien über den Tödi, den Glärnisch und die Churfirsten publiziert und die Essaysammlung «Dichter am Berg – Alpine Literatur aus der Schweiz».

Dank

Die Herausgeber danken

für die Texte: Françoise Funk-Salamí, Matthias Huss, Fabian Lippuner, Karin Steinbach Tarnutzer, John Tyndall und Emil Zopfi

für die Mitwirkung: Charly-G. Arbellay (Granges), Tony Astill (www.mountainpaintings.org, Ashurst), Kurt Baumann (Attinghausen), Arne Bergau (Regensburg), Luigi und Irene Bertei (Hotel Belalp), Hermann Biner (Zermatt), Marco Bomio (Grindelwald), Robert Bösch (Oberägeri), Jakob Bracher (Grindelwald), Andrea und Eva Feller (Bern), Markus Feller (Solothurn), Caroline Fink (Zürich), Yvonne-Denise Köchli (Edition Xanthippe, Zürich), Helge von Giese (Zermatt), Raimond Hirschmann (Bassins), Regula Imboden (Zürich), Thomas Jarek (Auktionshaus Dobiaschofsky, Bern), Luzius Kuster (Randa), Bruno Nedela (Glattbrugg), Albert Pollinger (Bergführermuseum, St. Niklaus), Monika Rein (Zürich), Rainer Rettner (Rimpar), Martin Rickenbacher (Bern), Simon Roth und Myriam Viaccoz (Mediathek Wallis, Sion), Ralph Schnegg (Bern), André Truffer (Randa), Carmen Tscherrig (Hotel Schwarzhorn, Gruben), Nicole Weber (Solothurn), Ludwig Weh (Visp), Freddy Widmer (Basel)

für die schöne und kluge Buchgestaltung: Urs Bolz

für das umsichtige Korrektorat: Brigitte Frey.

Bildnachweis

Album der Clubhütten des S.A.C, 1897: 88 (o).
Die Alpen SAC: 1934: 68 (o), 99; 1941: 147; 1944: 157; 1947: Einband Titelseite, 163; 1950: 149.
Alpenvereinsmuseum Innsbruck/Katalog der Alpinismus-Ausstellung «Der Berg ruft!» im SalzburgerLand, 2000/2001: 98 (u).
Alpine Journal: 1917: 61; 1943: 64 (u).
Daniel Anker, Bern: 37, 45 (o, u), 56–57, 58 (u), 77 (u), 79 (o, u), 80 (o, u), 81 (r), 83 (u), 89 (o, mr, ur), 95 (o), 107 (o, u), 114, 115, 116, 123, 166 (or)
Archiv Daniel Anker, Bern: 9, 32–33, 44, 94, 154.
Archiv Auktionshaus Dobiaschofsky, Bern: 148, 153, 155, 159.
Archiv Monika Rein, Zürich: 90.
Tony Astill, www.mountainpaintings.org: 30.
John Ball: Peaks, Passes, and Glaciers, 1859: 27.
George Band: Summit. 150 years of the Alpine Club. Collins, London 2006: 122 (r).
Kurt Baumann, Attinghausen: 38–39.
William Beattie: La Suisse pittoresque, 1836: 55.
Joe Bensen: Souvenirs from High Places. A Visual Record of Mountaineering. Mitchel Beazley, London 1998: 143.
Arne Bergau, Regensburg: 68 (u).
Bergführermuseum St. Niklaus: 65, 122 (l).
Röbi Bösch, Oberägeri: 10, 12–13.
Frédéric Boissonnas (illustrations), Eugène de la Harpe (texte): Les Alpes valaisannes. Georges Bridel & Cie, Lausanne 1910–11: 34, 35, 141.
Samuel Brawand: Grindelwalder Bergführer. Heimatvereinigung Grindelwald 1973: 49.
Die Clubhütten des Schweizer Alpen-Club im Jahre 1927, Lausanne 1928: 78, 84, 88 (u), 164.
http://map.geo.admin.ch: 76.
L'Écho des Alpes (Genève): 1866: 59 (o); 1868: 81 (l); 1872: 71; 1884: 70; 1910: 64 (o); 1911: 72.
Arthur Stewart Eve, Clarence Hamilton Creasy: Life and Work of John Tyndall, Macmillan & Co., London 1945: 25, 46, 47, 48 (u).
Caroline Fink, Zürich: 92.
François Gos: Zermatt und sein Tal. Verlag Alpina, Genf 1925: 36, 108, 110.
Jaap ter Haar: Unwetter am Weisshorn. Loewes Verlag, Stuttgart 1961: 156.
Alan Hankinson: Geoffrey Winthrop Young. Hodder & Stoughton, London 1995: 122 (m), 124.
Matthias Huss, Zürich: Umschlag Rückseite, 40, 111, 128, 129 (o, u), 130 (o), 135, 138 (o), 139 (o, ul).
Jahrbuch des SAC: 1898, 162.
Erich König: Empor! Georg Winklers Tagebuch. Verlag Grethlein & Co., Leipzig 1906: 93, 98 (o).
Gustav Kuhfahl: Weisshorn 1904, in: Wandern und Reisen (Düsseldorf), 1904: 152.
Luzius Kuster, Randa: 104, 112 (o, u), 113 (o).
Fabian Lippuner, Zürich: 43, 63, 127, 130 (u), 131 (o, u), 132–133, 132 (u), 133 (u), 134 (o, u), 136, 137 (o, u), 138 (u), 139 (ur), 158.
Reginald A. Malby: With camera and rücksack in the Oberland and Valais. London 1913: 82 (o).
Mediathek Wallis-Sitten, Walliser Dokumentation: 6, 14–21 (alle), 26, 54 (o, u), 105, 166 (ol).
Walter Mittelholzer: Alpenflug. Orell Füssli Verlag, Zürich 1928: 106.
Bruno Nedela, Glattbrugg: 142, 165.
Eleonore Noll-Hasenclever: Den Bergen verfallen.
Union Deutsche Verlagsgesellschaft, Berlin 1932: 102, 103 (o).
Neue Alpenpost: 1879, S. 204: 75.
Ralph Schnegg, Bern: 51 (o).
Schweizerische Alpenposten/Postes alpestres suisses/Swiss Alpine Postal Coaches: Val d'Anniviers – Eifischtal – Sierre-Ayer, Beilage zur Beschreibung/Annexe à la description, 1931: 53.
SRF, Zürich: 167
André Truffer, Randa: 113 (u).
John Tyndall: Mountaineering in 1861. Longmans, Green, London 1862: 24.
John Tyndall: Hours of exercise in the Alps. Longmans, London 1871: 50.
Myriam Viaccoz, Sion: 95 (u).
Victorinox, Ibach SZ: 166 (u).
Marco Volken, Zürich: Umschlag Titelseite, 22–23, 28–29, 31, 48 (o), 51 (u), 52, 48 (o), 60, 66–67, 73, 74, 77 (o), 82 (u), 83 (o), 85 (o, u), 86–87, 96–97, 100–101, 103 (u), 109, 120–121, 125, 126, 140, 144–145, 150–151, 160–161.
Elijah Walton, Thomas George Bonney: Vignettes: Alpine and Eastern. Alpine Series. W.M. Thompson, London 1873: 41.
Ludwig Weh, Visp: Einband Rückseite, 8, 69, 89 (ul).
Edward Whymper: Guide à Zermatt et au Cervin ou Matterhorn. A Julien, Genève 1912: 59 (u), 62, 91.
Freddy Widmer, Basel: 58 (o).
Geoffrey Winthrop Young: On High Hills. Methuen, London 1927: 117, 119.
Geoffrey Winthrop Young: Mountains with a Difference. London 1951: 118.

Einband Titelseite:
Grau der Hochgipfel, grün das Vorgebirge, himmlisch das Blau: Ausschnitt aus dem Gemälde «Weisshorn» von Willy F. Burger (1882–1964), ausgestellt an der 5. alpinen Kunstaustellung des Schweizer Alpen-Clubs 1946 in Lausanne, reproduziert in «Die Alpen» 1947.

Einband Rückseite:
Schwarz-weiss die Ziege, weiss die Pyramide, schwärzlich die Steine: eine Walliser Schwarzhalsziege auf dem Augstbordhorn. Sie wird auch Vispertalerziege genannt und passt so perfekt zum Weisshorn. Foto Ludwig Weh.

Umschlag Titelseite:
Weiss der Berg, perfekt seine Form, blau der Himmel: das Weisshorn (4506 m), bewundert vom Gornergrat ob Zermatt. Foto Marco Volken.

Umschlag Rückseite:
Rot und blau der Alpinist, rötlich die Türme, schmal der Weg: ausgesetzte Passage am Schaligrat, weit hinten der Konkurrent des Weisshorns, das Matterhorn. Foto Matthias Huss.

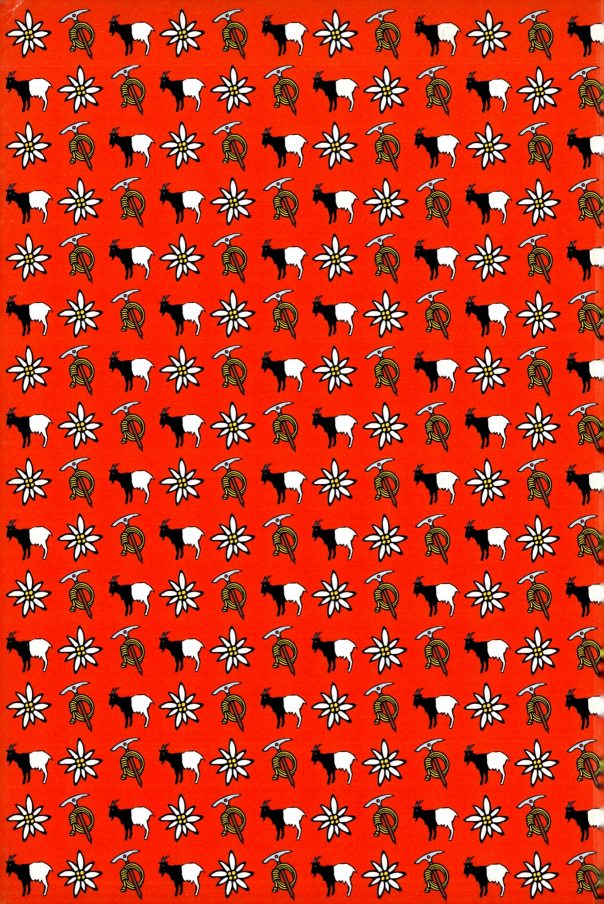